易经管理智慧

曾仕强 著

全集·全新

内 容 提 要

多年来，凡是有中国人的地方，越具管理经验的人士，越会对中国式管理产生强烈的共鸣。中国式管理是指以中国管理哲学为基础，结合西方现代管理科学，并充分考虑中国文化传统及心理行为特性，以获得更优的管理效果。本书强调管理以安人为目的，更有包容性；以《易经》为理论基础，合理因应"同中有异，异中有同"的人事现象；主张从个人的修身做起，然后才有资格从事管理，而事业只是修身、齐家、治国的演练。这些理论为提升管理效果提供了新的思路与方法。

图书在版编目(CIP)数据

易经管理智慧：全集·全新 / 曾仕强著. -- 北京：北京大学出版社, 2025.7. -- ISBN 978-7-301-36304-1

Ⅰ. C93

中国国家版本馆CIP数据核字第2025WQ4866号

书　　名	易经管理智慧：全集·全新	
	YIJING GUANLI ZHIHUI: QUANJI·QUANXIN	
著作责任者	曾仕强　著	
责任编辑	杨　爽	
标准书号	ISBN 978-7-301-36304-1	
出版发行	北京大学出版社	
地　　址	北京市海淀区成府路205号　100871	
网　　址	http://www.pup.cn　　新浪微博：@北京大学出版社	
电子邮箱	编辑部 pup7@pup.cn　　总编室 zpup@pup.cn	
电　　话	邮购部 010-62752015　发行部 010-62750672　编辑部 010-62570390	
印刷者	涿州市星河印刷有限公司	
经销者	新华书店	
	720毫米×1020毫米　16开本　15.25印张　205千字	
	2025年7月第1版　2025年7月第1次印刷	
印　　数	1-6000册	
定　　价	99.00元	

未经许可，不得以任何方式复制或抄袭本书之部分或全部内容。
版权所有，侵权必究
举报电话：010-62752024　电子邮箱：fd@pup.cn
图书如有印装质量问题，请与出版部联系。电话：010-62756370

序

六经(《易》《诗》《书》《礼》《乐》《春秋》)是我国古代先贤所著的六种重要的也是最基本的著作。古人织布时,竖向的线称为经,横向的线叫作纬,经是布匹中重要的基本线,被称为"经"的著作,表明这些书的内容历久不变,可以长期应用、学习。

《诗》《书》《礼》《乐》《春秋》都是以政治、经济等人事活动为主要内容,只有《易》以描绘天地人物的自然景象为主。这本书经过孔子的整理,进一步将自然法则和人文法则结合起来,是为《易经》,后成为群经之首。

20世纪初期,美国人发展出一套现代化的管理方法,风靡全球。我们也依样学样,虽说效果不如预期,但除此之外,也找不到其他更有效的管理方法。

然而,曾几何时,全世界都开始呐喊:"21世纪是中国人的世纪。"我们搞不明白为什么会这样,但一句"管理离不开自己的文化",唤醒了中国人寻找符合自己文化特征的管理哲学的冲动。

既然《易经》是群经之首,中华民族又以《易经》作为处世的准则,我们为什么不循着这条路,来寻找自己的管理之道?

大易管理,就是运用《易经》中的道理来进行管理。大易泛指《易经》和《易传》，主要介绍象、数、理、占四大模块的内容。象就是现代所说的现象，数便是现代所重视的数据。管理要依据实际发生的现象，计算出正确的数据，然后找出现象和数据所代表的道理，提出合理的解决方案，据以实施。

如果现象不明显、数据也不够准确，那么可以用占卜来辅助——做好相关预测，作为决策的参考，当然也是可行的途径。

管理这门学问，易学难精，说来说去就那么几句话，但用来用去，总觉得差那么一点。

对中国人来说，我们的一言一行既然都源自《易经》，那么我们的管理也应依据易理而行。由于《易经》难读、易理难明，加上许多人日用而不知，以致不了解自己的管理体系和管理行为。但愿这本书能够使我们更加了解自己的管理逻辑，不必再口是心非地说出一大堆空洞的门面话，进而充分掌握中国人的管理哲学，促使现代化管理更易于落实在中国人的事业上，提升管理的效果。

尚祈各界先进朋友，不吝赐教为幸。

曾仕强

序于台北市明道阁

前言

现代人对于"0和1间的相互转化，构成浩瀚无穷的网络"这一说并无异议，可一旦听到"一阴一阳之谓道"，却又如坠云雾，觉得相当玄妙。实际上，0代表阴（--），1代表阳（—），阴阳变化，可以产生万物，说起来也相当简单明了，并没有什么晦涩难懂的地方。

科技的发展，带给我们很多方便和好处，但它也愈来愈像一匹脱了缰的野马，反过来给人类带来极大的威胁。如果我们只片面地发展科学和技术，其负面影响终会让人类自作自受。

管理的情况也是如此，管理者受到西方管理科学的影响，脑筋不是越来越灵活，而是越来越僵化。特别是制度化、数量化、全球化的刻板印象，使得管理日趋违反人性的需求。我们当然不可能反对制度化、数量化和全球化，但是我们更希望管理能够合理化，适度地尊重例外、模糊和本土色彩，这样才能使管理真正人性化。人性是一样的，人的习惯却各有不同，因此必须加以调和，才能让管理具有权宜应变的弹性。

大易管理哲学，刚好可以满足这种需求。下面我们分别说明"为什么要研究大易管理"，以及"怎样研究大易管理"，以供大家参考。

为什么要研究大易管理

中华民族可以说是大易民族，如果你仔细观察、用心比对，就不难发现我们的所思所为，大多源自《易经》。

自1840年第一次鸦片战争爆发直至民国，我们有些中国人逐渐丧失了民族自信心，反传统的浪潮、西式的教科书、"现代化"的号召及"国际化"的借口，似乎都在试图将中国人推向西方世界。仿佛中国人的现代化便是西方化，而国际化则意味着全盘接受西方的文化。

从表面上看，中国人改变了。有人感叹："世风日下，人心不古。"有人抱怨："好的不学，坏的全学会了。"也有人指责："现在数典忘祖的人越来越多，简直忘记了自己还是个中国人。"

实质上，中国人一直没有变。许多人远离故国、居留异邦很多年，自认为已经不像中国人，可一旦面临切身利害关系时，便会露出中国人的原本面目。

中国人的民族性，论"稳定性"居世界第一，论"变动性"也是举世无双。这话听起来相当矛盾，其实不然。

各民族都有其民族性，也都必然会随着时空的变换而有所改变。世界上找不出哪一种民族的民族性是亘古不变的。不过，变的速度有快也有慢，变的幅度有大也有小。相对而言，中国人的"稳定性"最强：一方面最不容易改变；另一方面改变的幅度最小，改变的速度也最为缓慢。放眼看去，华侨遍布海外各地，不论其处境如何，都表现得很不容易被完全同化。世界各地的"唐人街"或"中国城"，都颇有特色。

但是，以民族性而论，我们的"变动性"可以说居世界之冠。我们不但喜欢变来变去，而且擅长随机应变。旅居世界各地的华裔人士，随遇而安，很容易适应当地的环境，这证明我们的"变动性"很大、适应力很强。有些人口口声声说讨厌中国人，却偏偏喜欢和"彼此讨厌"的人打交道：不是聚居成中国城，就是在紧要关头显现出中国人的性格。可见中国人的本色，其"稳定性"十分突出。

在我们的社会，有些人喜欢将传统与现代相对并举，实际上却很少有人能够真正分辨出两者之间究竟有哪些差异。

有人说现代中国人比较开放，会直接把心里的话说出来，实际上，"口无遮拦"的人历代都有很多，但写历史的人已经把这么做的严重后果描述出来了。现代中国人一方面"只会死背历史，却不懂得历史"，另一方面则尚未看到自己有话直说的恶果，不假思索地认为有话直说是现代中国人的进步，以致"自己犯错却茫然不觉"。

其实，中国人自古以来就主张"有话直说"，只是我们知道适时、适地、适人、适事地调节有话直说的程度，因此提出"逢人只说三分话"的原则，以"交浅不言深"的标准来考量，做到"事无不可对人言"的地步。

如果说"传统"是衡量彼此之间的关系和交情，审视事态的轻重、缓急、大小与切身利害性，考虑眼前的情境，在"逢人只说三分话"与"事无不可对人言"的上下限之间寻找有话直说的合理点（如图0-1所示），那么"现代"就是"不管三七二十一，反正有话就要直说"。由此看来，传统与现代的区别，几乎局限于"成熟"与"浅薄"，根本和进步与否无关，我们怎么能够盲目地反传统、崇现代呢？

> **逢人只说三分话　上限**
>
> 适时、适地、适人、适事
> 依"交浅不言深"的标准来调节
>
> **事无不可对人言　下限**

图0-1　有话直说的合理点

反过来说,"现代"的"有话直说"若是也要适当地根据情境来掌握分寸,请问与"传统"有什么不同?难道由不懂得传统道理的人将自己认为的西方有的、我们没有的翻译过来,就成为"现代"了吗?

全世界的人,都希望有话直说,但由于各地的风土人情有所差异,所以产生了不同的沟通方式,这是民族性的区别使然。

中国人喜欢自由自在、不受约束,当然也乐于有话直说。但是太多"先说先死"的案例,使得我们深切体会到"祸从口出"的道理,因而主张"慎言",做到"应该有话直说的时候,当然应该有话直说;不应该有话直说的时候,当然不应该有话直说"的"中道"境界,形成中国人特有的沟通习惯。

天下的事情,哪里是遵循"有话直说"一条道理就可以行得通的?现代中国人偏爱这种"偏道"式的主张,我们应该关心他们、教导他们,让他们明白道理而返回"中道",怎么忍心看着他们拿"现代"做借口,继续盲目地偏离下去呢?

"朝闻道,夕死可矣",并不是"朝闻道,夕必然要死",而是"就算生命非常短暂,但只要能够把真正的道理弄明白、搞清楚,那也死而无憾了",意思是"中道"很不容易,值得花费一辈子的时间去追求。可惜现代有些中国人目光浅短,不敢追求艰深的道理,宁可胡乱执一偏道、以偏概全,却沾沾自喜,认为"已经找到了真理"。

同样研究《易经》,许多人偏爱术数,导致迷信的气氛十分浓厚。术数也是易学的主要内容之一,对此我们不反对,但它毕竟属于"小用"的部分。义理的发扬,才是易学的"大用"。

古代民智未开,圣人不得不以神道设教,让易学披上一层神秘的外衣。加上君主专制,臣子不敢据理直言,只好假借占卜来谏阻。在此背景下,术数一直被重视,并非完全没有道理。

如今科学昌明,如果事事依赖占卜、人人相信风水、时时不忘命相,请问

"人的尊严"究竟被置于何地？

人的尊严，应该表现在"明智的抉择"上，也就是"我知道自己在做什么""我知道应该怎样做""我也明白如何做得一次比一次更合理"。因此，"讲究义理，按照推理来抉择，真正地掌握自己的命运"便成为现代人必具的条件，而要达到这种地步，自然非好好研究《易经》的道理不可。

孔子的学生子贡说："文武之道，未坠于地，在人。贤者识其大者，不贤者识其小者。"人有贤者，当然也有不贤者。贤者应该从《易经》的道理入手，好好研究《易经》的真义；不贤者不得已退而求其次，专门在算命、看相、占卜、看风水上下功夫。现代人如果醉心于声光电化，潜心于研究科学技术，却忽略了《易经》的智慧，不过是"识其小"者，未免对不起自己；若是进一步探究易理，使自己变成"识其大"者（如图0-2所示），岂非更上一层楼，看得更远，也看得更为周全？

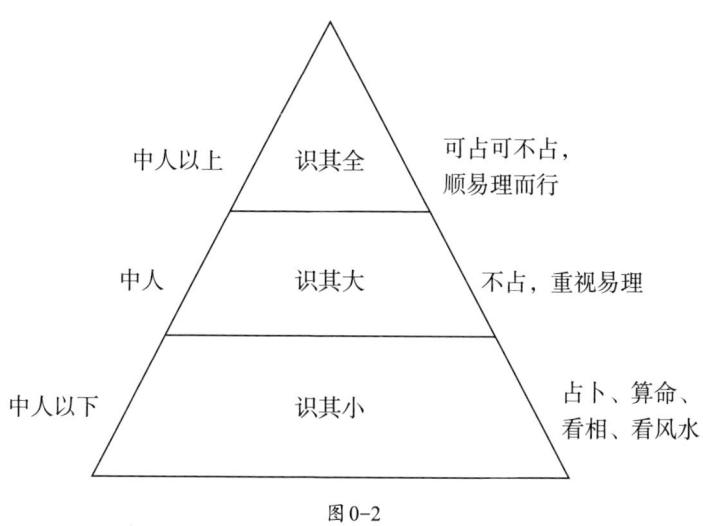

图0-2

心理学家荣格说："如果人类有智慧可言，那么中国的《易经》应该是唯一的智慧宝典。我们在科学方面所得的定律，十有八九都是短命的，只有《易经》

沿用数千年，迄今仍有价值。"

易理是智慧，科技不过是知识。有智慧的人才能够妥善地运用知识；缺乏智慧的人，越有知识就觉得脑筋混乱，越不知道应该如何是好。我们常说的"两脚书橱"，便是这种空有知识却不会运用的人。

"21世纪是中国人的世纪"，这句话最好稍微改变一下，变成"21世纪是懂得易理的人扬眉吐气的世纪"。因为21世纪的明显趋势，就是越变越快，而易理正是"掌握变化的道理"。

就管理而言，以往环境相当稳定，凭计量、资讯和科技就可以做出合适的决策。如今环境快速变迁，目标不明晰，资讯常感不充足，数据也相当不准确，单凭知识不易明确地判断、正确地抉择，于是管理者的智慧就显得比以前更为重要。

变迁环境中的管理，十分注重了解未来的变化，务求做出合理的因应。不明易理的管理者，为了预测未来的变化，很容易迷信占卜、算命、看相、看风水。近年来易学逐渐被重视，这一类的研究风气越来越盛，与此有密切的关系。

在科学昌明的现代社会，占卜、算命、看相、看风水毕竟不方便用来当作决策的主要依据，因为有很多人不相信，用这些方式做出的决策缺乏说服力。

换一个角度来看，拿易理来推断未来，若是有正确预测未来的可能，应该是令人振奋的大好讯息。易理怎样才能预测未来呢？《说卦传》说："数往者顺，知来者逆，是故《易》，逆数也。"从过去推知现在，叫作"顺"；从现在推测未来，就叫作"逆"。《易经》是逆数，可见能够推测未来的变化。用易理来预测未来的变化，其实就是依据道理来进行预测。

面对不确定因素的管理者，用易理来推测未来的变化，做出正确可行的决策，当然是最为有利的管理途径。

世界上研究《易经》的国家越来越多，这也是"21世纪是懂得易理的人扬眉吐气的世纪"的另一种证明。管理者要想看清楚时代的潮流、摸清楚管理的趋势，好好地研究一下大易管理，恐怕是当务之急。

大易管理，主要在知常知变，抓住变化中的常理。管理者研究大易管理，看出变中之常，才能够以不变应万变，而立于不败之地。身处21世纪，大家共同研讨易理，发扬大易管理，应该是顺应时代潮流的明智之举。

怎样研究大易管理

大易管理的时代已经来临，中国人的管理思想极有可能成为21世纪的主流。那么，要怎样研究大易管理，才能真正把大易的道理正确地运用在管理上面呢？我们有几点建议（如图0-3所示），供大家参考。

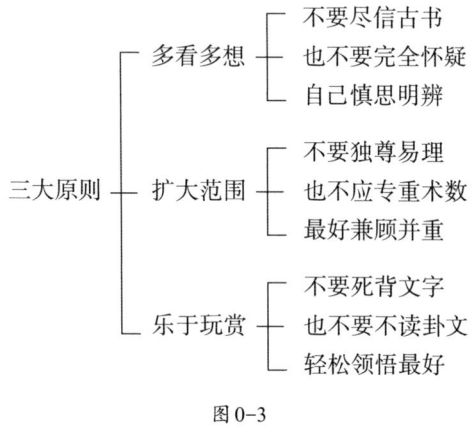

图0-3

第一，不要尽信古书，也不要完全怀疑。

德国思想家歌德认为，大凡优秀的作品，不论如何加以探测，总是探不到底的。《易》这一本书，自从问世以来，由于内容博大精深，历代研究者进行了各种层次的探究，可以说十分热闹。然而研究者各有见地，很多争议迄今仍然未有定论。

做学问的人，无非"自圆其说"，每个人所提出来的理论，贵在言之成理。

管理是一种实务，是要在实际情况中应用的，不能仅凭空谈。研究易学的门派有很多，我们不必加入它们之间的争辩，尊重各人的研究成果，适用就好。

譬如《易》在西周初年，原本有《连山易》《归藏易》《周易》三种。东周以后，前两种失传了，只剩下《周易》。这种说法，我们大可姑妄听之，也姑且信之，实在不必过分较真。又如古书并没有标点符号，容易产生误解，对于后人所加标点，不同的人很可能有不同看法，我们不妨多方参考。

第二，不要专重易理而看轻术数，也不要专门研究术数而轻易放弃易理。

综观易学的发展，最主要的不同，不外乎"象数"和"义理"的偏执。这两大派别，各有立场，也各有偏重。其实，大易的"象、数、理、占"都有其必要性与重要性，我们不必偏重任何一种，更不能忽视彼此之间的联系。

虽然说易理才是我们研究的重点，一切依易理而行才是真正的大易管理，但是"理不易明"，易理的探求和解说本就十分困难，有谁敢说自己确实明白了所有道理？

如果有把握样样依照道理来进行管理当然最好，可惜没人有这样的信心，因此，借着术数的推演，彼此互相参悟，只要不迷信，并没有什么害处。何况道理需要灵活运用，这更印证了"条条大路都能走得通"。既然"运用之妙，存乎一心"，为什么不能兼重易理、术数呢？

当然，易理的探究应该重于术数，因为明理之后，自然能够达到"不占而已矣"的地步。

然而，不占不占，有时候还是免不了要占。因为管理者所面对的情况，经常是信息不足、数据也不够充分的。请问在这种情况下，要不要做决策呢？答案当然是要。如何做决策呢？是不是占卜也有一定的作用？至少可以帮助我们在这种情况不明的状态下做决策。何况大易哲学，从历史渊源来考察，最早都有明显的卜筮作用，不宜完全忽视。

第三，不要死背文字，也不要不读卦文。

古时候词汇很少，而且用竹简等记录和保存文字十分困难，所以用字必须尽量精简。古书所用的文字和现代通用的文字相去很远，以致很不容易理解。比如，古书上所说的"金"，往往是指铜；有些地方语句含混，如"八月有凶"中的"八月"，到底是八个月还是八月份，并不容易分辨。

孔子要我们抱着"乐而玩之"的态度来学习《易经》，因为死背文字不但辛苦乏味，而且多半不知应用，而不读卦文，也不能理解六十四卦的真义。

我们可以每天试着占卜一卦，然后把这一卦从头看到尾，思索它的含义、玩赏它的用意。这样做，既充满趣味，又能够增进自己的知识。

也可以拿六十四颗玻璃弹珠，每个珠子上面用胶纸贴上一卦，每天顺手抓出一个弹珠，看看上面贴着的是哪一卦，然后查明它的卦辞，省思它的爻辞，再用来对应实际的事务。久而久之，自然贯通易理。

总之，不要心急，不可以稍有心得便认为自己懂得易理。抱着"看一看，读一读，想一想，做一做"的心态，以渐进的方式，偶有所得，便拿来应用；行得通，更能领悟其中的道理。

知行合一，即知即行，应该是研究大易管理的最佳原则，如图0-4所示。

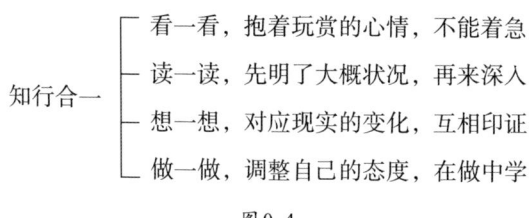

图0-4

随着考古学的不断发展，我们通过大量的出土文物，可以看出夏、商、周三代以前，人们便十分注重实际的行动。这种重行的思想到大禹治水时已经达到最高峰：整整八个年头，他三次经过自己的家门，都没有入内探望。我们研究大易哲学，基本上也是希望对实际的行动有所帮助。

详读六十四卦，不难发现大易本身就十分重视力行。从乾卦开始，"君子终日乾乾，夕惕若厉，无咎"告诉我们应该效法天的刚健精神，发愤自强，小心谨慎，才能够虽处于险境而不受危害。到第六十四卦未济，也告诉我们事业尚未完成的时候，应该坚持中正、审慎进取、尽力而为，逐步促使一切恢复正常，而达于完成的地步。

研读这本书，相信不是一次就能够看得明白的，特别是从来没有接触过《易经》的人，更会觉得有很多地方根本摸不着头脑。我们建议先从头到尾，整个看一遍，有一个大略的印象，然后重新仔细地分章阅读，用心思考，必然有所领悟。

有时候，通过后面的说明，才能更好地理解前面所说的事理。在本书中，我们并未按《易经》的传统顺序解说，而是以管理思路为主线。前后内容若有重复之处，旨在强调这部分内容在管理应用中的重要性。

第一章
大易与管理

- 大易的演变及发展的主轴 / 003
- 大易管理的时代已经来临 / 016
- 大易管理就是依易理而行 / 023
- 大易促使管理与伦理结合 / 029
- 大易管理的现代基本架构 / 036

第二章
大易的功能

- 大易应用在管理上有四大功能 / 045
- 不明易理不足以担任高阶主管 / 050
- 象数理连锁作用才能做出正确判断 / 055
- 加强道德修养以获得天佑 / 061

第三章
管理的道理

- 管理不外乎一开一关 / 068
- 大易倡导一之多元论 / 076
- 管理有六十四种情况 / 082
- 及时调整求合理应变 / 089

第四章
三才的配合

- 三才代表组织的三个阶层 / 096
- 组织三阶层秉持三才之道 / 105
- 大易管理要发扬树状精神 / 114
- 人要赞天地化育能屈能伸 / 120

| 第五章 |

三阶的特性

高阶主管九五行为的运作 / 126

中坚干部很容易不三不四 / 134

基层员工养成勤劳务实习惯 / 141

管理便是三阶层合理配合 / 148

| 第六章 |

刚柔的互补

先做好下属再当好上司 / 155

主管要把握乾卦的要领 / 161

各阶层要注意刚柔配合 / 168

三阶层发扬儒道墨精神 / 177

| 第七章 |

中坚最难为

不容易找的优秀中坚干部 / 184

中坚干部的反三复四行为 / 191

优秀中坚干部的基本原则 / 198

承上启下圆满达成任务 / 205

| 第八章 |

诊断与治理

以阳爻为主的阶段性变化 / 213

以阴爻为主的阶段性变化 / 218

最好依据易理来进行治理 / 223

第一章 大易与管理

大易管理的时代，从1984年（甲子）已经开始。现在，大易管理已经微露它的威力。中国式管理是否能应运而起，取决于中国人能不能及时重视大易，把它的道理从根救起，重新应用在实际管理当中，以增强企业实力、提升效益。

大易管理，其实就是按照《易经》所揭示的道理来实施管理。

中国人一直深受大易的影响，大家遵循大易的道理，应用在为人处世之中，"管理与伦理结合"，管理离不开伦理，做事不能不兼顾做人。

中国式管理是原本就存在的，并不是因有了西方的管理，我们才标新立异，故意把它说出来。西方人的管理也是很早就存在的，同样不是近代的产物。管理是一门新学问，但是管理的实务老早就在进行。

大易的演变及发展的主轴

要认识《易经》，最好从易史着手。看看《易》的历史，依据易学的演进来寻觅其中的道理。

我们是站在管理的立场来认识大易，不做"考据""训诂"的工作，只探究"道理"是不是真正行得通。

1. 伏羲画八卦

大约六千七百年前，我国还停留在以畜牧为生的时期。当时的领袖被后世尊称为"伏羲氏"。班固在《汉书》中称他"为百王先"，认为他是我国上古时代称王的第一人。

伏羲画八卦，主要是依据当时的自然景象，将宇宙永恒存在的哲理通过简单的符号表示出来。现代的景象，当然和伏羲氏那时候的情况不一样。我们读《易经》必须设身处地，依据当时的景象来体会其中的道理。伏羲氏最先怀疑"宇宙万象为什么如此有秩序"，他观察昼夜四时，依序代换，白天之后是晚上，晚上之后又是白天；春、夏、秋、冬也都依照次序在更替。到底是谁在管理，使得宇宙万物有规律地变动着？他不停地思索，持续地追问，试图寻找管理宇宙的真相。

管理者的第1课

管理者要养成勤动脑筋的良好习惯。遇到任何风吹草动，都不要轻易放过。抱着正常的好奇心，合理地怀疑："为什么会这样？"连续问五个为什么，才能够找出真相。追根究底，绝不半途而废，是管理者成功的第一步。

伏羲氏体会到：万物变动不居。宇宙万有无一物不在变动，大概有一种强大的动能，在驱使万物变动不息吧！那个时候并没有文字，他无法使用文字来记载这种"有一种巨大的动能促使万物变动"的念头，于是他用一个最简单的符号"—"来代表他的想法。

高怀民先生形容这个最简单不过的符号是中华民族哲学思想放射出来的第一道曙光，由此发展成为枝繁叶茂的易学。他说："伏羲氏当时如何称呼这个符号'—'，我们不敢妄言。到后来，人们渐渐发现这个符号的重要性后，便称呼它为'太极'。"

管理者的第2课

管理者寻找问题的答案时，最好记住：真正的答案，往往是我们所没有想到的那一个。我们不可以一有答案就沾沾自喜，认为已经找到了最终答案。这种一厢情愿的态度，很容易造成可怕的主见，一旦坚定下来，就叫作成见。我们应该从各方面来思索，不断地否定已经找出来的答案，继续寻找还没有被发现的那一个。只要时间允许，多多设想，从许多可以互相代替的方案中寻找出最为合理的那一个，才是合乎理性的思考方式。

不过，伏羲氏很快就看出单靠"━"这个大动能，并不足以说明宇宙万物变动的道理。

他发觉万物并非一往不返地动下去，而是比较接近"往复循环"式的律动。因此他推断宇宙之间，除了"━"这个大动能，还有一种和"━"相反的大动能。用什么来表示呢？他发现"- -"这个符号，最能满足他的需求。

"━"代表第一个大动能，"- -"代表第二个大动能，后人把它们合称为"两仪"。"仪"表示法则，"━"和"- -"便是宇宙万物变动的两大法则。后人又分别称之为"阳"和"阴"，把"━"称为"阳爻"，"- -"则叫作"阴爻"（如图1-1所示）。

"━"和"- -"的地位平等，相互作用，因此塑造了中国人"彼此彼此"的作风，一切"看你怎么对待我"，再决定"我应该如何对待你"。你我之间，再怎么"彼此彼此"，都应该合乎太极，也就是求得"合理"。

伏羲氏考虑阴阳的互动，发现了四种不同的组合，分别是"⚌""⚍""⚎"和"⚏"，这四个符号后来称为"四象"，如图1-2所示。《系辞上传》说："易有四象，所以示也。"四象示人以最为显

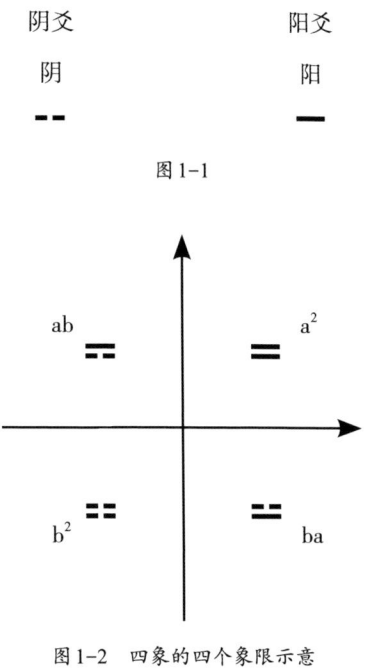

图1-2　四象的四个象限示意

而易见的迹象，如在天为日、月、星、辰，在地为水、火、土、石，在人为父、母、子、女。象其实就是"像"的意思。"⚌"和"⚏"象征宇宙两大动能的两种作用，"⚎"和"⚍"象征两大作用的互相影响。后人把"⚌"称为"太阳（也称老阳）"，"⚏"称为"太阴（也称老阴）"，而"⚎"叫作"少阴"，"⚍"称为"少阳"，如图1-3所示。

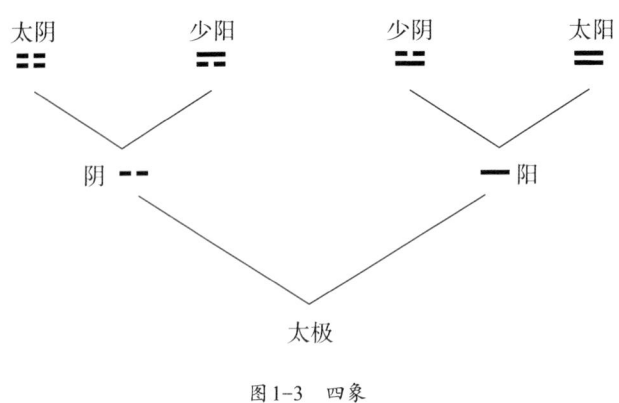

图1-3 四象

伏羲氏画出四象之后，大概发现世界上的东西，纯阴（太阴）、纯阳（太阳）并不多见，倒是阴阳互动的情况比较常见。但是一阴一阳或一阳一阴的平衡状态也很不可能，反而阴多阳少或阴少阳多的情况较为可能。因此推出"☰""☷""☳""☴""☵""☲""☶""☱"等八种组合，后人称为"八卦"。

"—"和"--"的八种排列组合找到以后，伏羲氏进一步"仰则观象于天，俯则观法于地"，并且"近取诸身，远取诸物"，将"☰"配"天"，把"☷"比地，然后"☳"为"雷"、"☴"为"风"、"☵"为"水"、"☲"为"火"、"☶"为"山"、"☱"为"泽"。用八卦的八种符号来表示"天、地、雷、风、水、火、山、泽"八种自然现象，如图1-4所示。

天、地、雷、风、水、火、山、泽这八种自然现象和人类生活密切相关，大易用八种不同的符号来表示它们，构成八卦并悬挂起来，供大家观看。

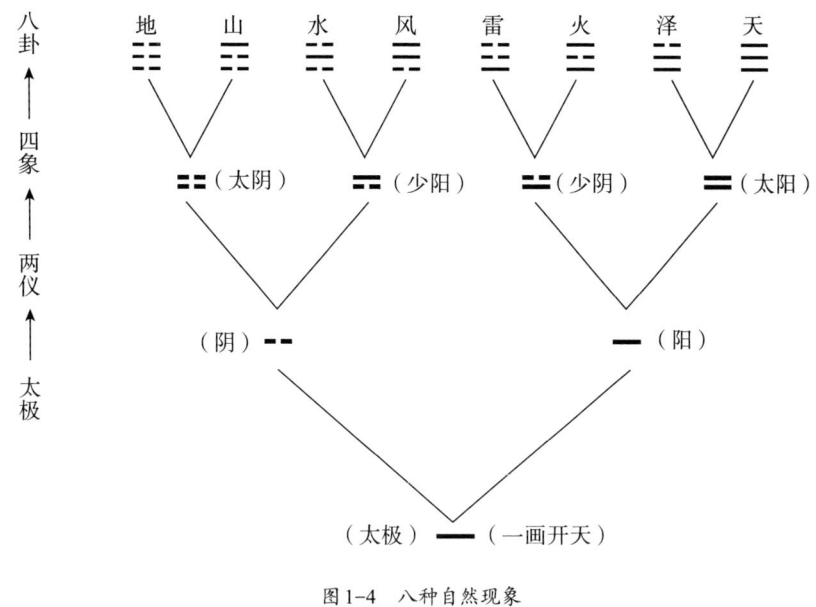

图 1-4 八种自然现象

从伏羲氏画卦的传说中，我们可以体会出下述几点和管理息息相关的事项。

（1）无论是管理者还是被管理者，都应该养成多动脑筋、多加思虑的习惯。凡事想好了才说、想妥当了才动手，做到"谋定而后动"，做好计划才执行。多想比较安全，多想也才能够周全。

（2）考虑的时候，需要把事情割裂开来分析；然而研判的时候，最好能够综合起来，从整体来思索，才比较妥当。一分而为二，二就是多的意思。二合为一，便是回归原点，才不致走上偏道。

（3）遇到复杂的景象，要加以简化，才不会越看越复杂、越想越头疼。看出问题的本质，才能够抓住要点。以简驭繁，力求抽丝剥茧，彻底弄明白事情的真相。

（4）不要把"神"拉进来，因为"神"只帮助自助的人。凡事先从人本位来考虑的话，人做得好，"神"自然会来帮忙。管理以人为主，一切事在人为，必须彼此都重视修己安人，才能提升管理的成效。

（5）世间事大多是相对的，也常常是矛盾的。我们用不着害怕矛盾，而应该学会阴阳互动，把矛盾化解掉，所以协调的工作十分重要。用协调来化解矛盾，尽量不使矛盾变成对立。

2. 周文王演易

周文王演易，把八卦两两重叠，成为六十四卦，后人称之为"重卦"。

八个三画卦，分别为天☰、地☷、水☵、火☲、雷☳、风☴、山☶、泽☱。两两相重，组合成六十四个重卦，一个也多不了，一个也少不了。

八卦原本为三画卦，把两个三画卦重叠起来，就成了六画卦。上面的三画卦叫作"上卦"或"外卦"，下面的三画卦称为"下卦"或"内卦"。

六十四个重卦之中，有一个上卦是"风"（☴）、下卦为"火"（☲）的家人卦，乃是管理的根本依据。

家人卦风（☴）上火（☲）下，合为风火家人，如图1-5所示。它原本在说"齐家"的道理，后来被延伸为管理的根本道理。我们一直喜欢"以厂作家"，视公司为家庭，看来管理和家人卦有分不开的关系。

（风自外入）风 ☴ 巽（风由火而生）
（火自内出）火 ☲ 离（火因风而烈）

图1-5　风火家人卦

"火"（☲）在内，内火旺就鼓动空气流动而生风。"风"（☴）在外，外风大则吹得火更加旺盛。风吹火、火生风，相生相成，愈互动愈热烈。这种风与火的互动力量，可以排除万难，象征家人同心协力，能够成就伟大事业。《杂卦传》说："家人，内也。"风自火出，家人卦为人心向内的象征，有由内及外的意思。

"家人"象说："风自火出，家人。君子以言有物而行有恒。"风自火出，含有火由风炽的意义，风火是互相依存的关系。组织成员既然犹如一家人，自然应该人心向内，存有高度的向心力。能不能如此，要看治家的人是否言必有物而不虚妄、行必有恒而不反复。

孔子说："其身正，不令而行；其身不正，虽令不从。"领导者本身言不虚妄而行无反复，一举一动都显得正当，就是不下命令也行得通；反过来，领导者本身言行不正当，就是下命令也没有作用。孔子同样用"风"作比喻说："君子之德，风；小人之德，草。草上之风必偃！"领导者体会"风"的力量，可以使下属产生"草"一般的反应。因为草如果被风吹，一定会顺风而倒。家人卦指出领导的力量其实来自潜移默化。

> **管理者的第 3 课**
>
> 组织成员的向心力是管理成败的关键。大家同心协力，组织力自然强大。这时候组织成员如一家人那样，有血浓于水的感情，大家目标一致，互相包容，彼此协调，因而团结无比，发挥出"家和万事兴"的力量，这才是真正的领导有方。

"巽"原本为外卦的"风"，指"家人"所产生的组织力量，要像风一样向外发展得顺利无阻。"离"原本为内卦的"火"，表示外"巽"的风必须依赖内"离"的火。由内部明正发展为外部的强大竞争力，正是管理由内及外的过程。

家人卦的六爻各有其主旨，如图 1-6 所示。例如，第一爻爻辞说："闲有家，悔亡。"闲的意思是"防范"，"有"字当作"于"解释，"闲有家"便是"防范于家"。管理的要领在"慎始"，防范组织成员养成不良的习惯，才不致发生不祥的事情，"悔亡"也就是不致引起后悔的意思。

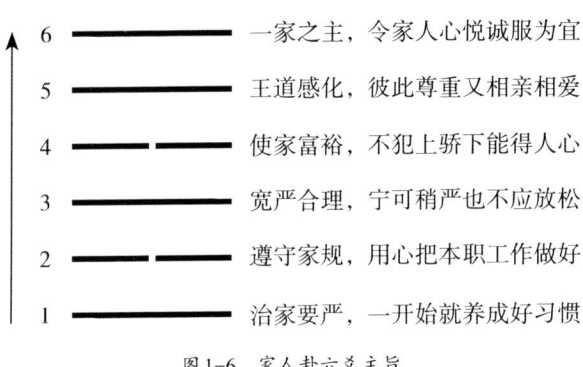

图1-6　家人卦六爻主旨

家人卦对于管理的启示分述如下。

（1）管理的顺序，依家人卦"离火在内，巽风在外"的形象，应是"风由火而旺盛"，最亲近的莫过于家人，所以"齐家、立业、治国、平天下"如一星一点的火，逐渐延烧：先把家管好，再来管理公司、处理政事，是比较根本的做法，大家也比较容易心悦诚服。有些人全心做事业，弄得家庭不美满，牺牲太多，年老时就会觉得遗憾。

（2）家和万事成，但是"和"必须"合理"，才不致变成令人厌恶而又害怕的"和稀泥"。家人卦的《象传》说："家人，女正位乎内，男正位乎外，男女正，天地之大义也。"提醒组织成员必须"各正其位"，各人努力扮演好自己的角色，该对外的要好好对外，以获得社会大众普遍的好感；该对内的要互相支持，使各人的事务得以顺利推进。又说："家人有严君焉，父母之谓也。"当今是民主时代，固然讲求平等，却也不能没有职位上的尊重。主管下班时，下属和他可以像朋友一般相处；而上班时，下属应该给予主管相当的尊重。然后"父父、子子、兄兄、弟弟、夫夫、妇妇，而家道正；正家而天下定矣"，父母像父母的样子，子女也像子女的样子，家道端正之后，才能更好地管理公司、治理政事。

（3）管理固然应该塑造融和安乐的气氛，却必须讲求条理。放纵下属或过分严苛，都不是理想的管理。但是在"嘻嘻"与"嗃嗃"之间，往往不容易处理得恰到好处，这时候宁可稍微严肃一些，以免招致祸患。有一些年轻主管，喜欢向我炫耀："我同下属相处，几乎打成一片。"我相当不客气地回答："打成一片是不错，可惜我看了半天，看不出谁是主管！"主管和下属就算不是主从的关系，最少也应该保持主伴的距离，有主（主管）也有伴（下属）最为合适。

（4）家人卦外巽内离，离火盛而巽风生，外风盛大起因于内火炽热，这种由内及外的道理，告诉我们"企业形象"系于"企业实力"。没有实力的企业，即使极力塑造形象，也不过是一种假象，迟早会被社会大众所揭穿。先有实力再求形象，才能名副其实。

（5）内离即内明，组织内部是否"明义""明礼""明廉""明耻"，决定了管理效果的好坏。管理者必须肩负起"明礼""说教"的重任，成为"明义"的实践者，才能够维护组织内的体制化和伦理化。

（6）家人扮演"运筹帷幄之中"的角色，以期"决胜千里之外"，正是"火旺生风，风炽火烈"。员工之间互相友爱，组织成员各自修己安人，管理自然顺利而有效。管理即修己安人的过程。

我们举家人卦为例，一方面说明它和管理具有十分密切的关系，可以说明管理的基本道理，这一基本道理自古至今始终实际可用；另一方面则说明在大易的发展过程中，许多贡献并不容易明确划分属于什么人。

3. 孔子集大成

孔子名丘，字仲尼。他晚年读《周易》，把用皮绳编连的竹简翻来覆去，读到韦编三绝，深有体会，为《周易》写了传，分别是《文言传》《彖传》《象传》《系辞传》《说卦传》《序卦传》《杂卦传》。

除《文言传》《说卦传》《序卦传》《杂卦传》各有一篇外，《彖传》《象传》《系辞传》均分成上、下篇，合起来共十篇，称为《十翼》（也称《易传》），相当于《周易》的十只翅膀，帮助《周易》顺利飞行，如图1-7所示。

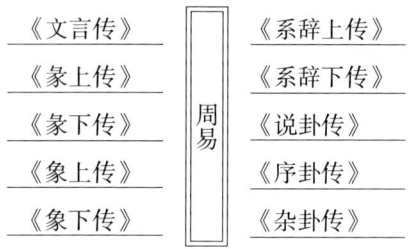

图1-7 周易的十只翅膀

管理者的第4课

管理应该以人为本，才符合人性的需求。凡事按照神的意旨处理，求神问卜，那是神本位，不是大易管理的根本精神。既然以人为本，就应该重视人的德业，因为伦理道德是人与禽兽的根本差异所在。管理者最好认定人为万物之灵，这样才能够找到志同道合的人，大家最起码都是万物之灵，不至于搞那些禽兽不如的勾当，这样对管理效果的提升定然大有助益。

4. 大易管理的发展主轴

从伏羲画卦开始，到孔子集其大成，大易管理的发展有三大主轴，如图1-8所示。兹分述如下，以供参考。

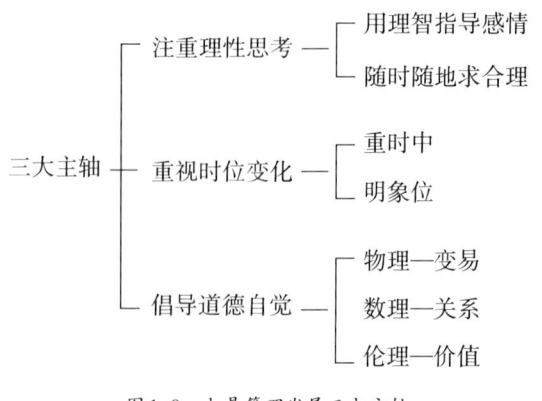

图1-8 大易管理发展三大主轴

（1）注重理性思考。

《系辞下传》说，古时候伏羲氏治理天下，上则观象于天，下则取法于地。他广泛观察鸟兽羽毛的纹彩、山川水土的地理，近则取象于一身，远则取象于万物，因而创作八卦，以融会贯通造化的道理，区隔天下万物的性质。

这一段话告诉我们，伏羲画八卦并非仅凭观察的结果便依实绘画，而是通过对自然界上下周遭的仔细观察和理性的思考，最终将观察与思考的结果归纳成为八种具有代表性的符号。

> **管理者的第 5 课**
>
> 用理智来思考，用感情来互动，应该是管理者情理兼顾并重的良好态度。人是有感情的，若是管理者无情，那就很难感召员工，大家不容易心悦诚服，不可能获得家人卦的效果。但是感情不能影响理性的决策，否则后果必定相当可怕。用理智来指导感情，然后以合理的感情来感召员工，应该是十分理想的管理方式。

从事管理的人，经常需要做出各式各样的决策，这时候理性的思考就十分重要。感情用事的结果，便是常常做出错误的决策，危害极大。

伏羲氏画卦，文王两两相重，成为六十四卦，主要在观象。所以《系辞上传》说，圣人把卦画出来，让大家方便观察各种不同的事物形象，每一卦都附有文辞，来表示吉凶的象征，并且说明变化的道理。

象就是现象，在管理上的应用十分广泛。各种内外环境的变动，自然产生不一样的现象，而且经常有变化。易学的内容，主要在于卦象；而卦象的作用，则是把一切事物的形态用卦象征出来，以便于我们观察，明白其中的变化，归纳出可以遵循的道理。随时应用这些道理，使管理得以事事合理、时时妥善。

（2）重视时位的变化。

西方人喜欢说时间与空间，并且把时、空当作知识来认知。管理者研究"怎样利用时间"，远比"为什么要利用时间"来得认真而专注。

中国人重视时、位，其内涵比时间和空间丰富得多。我们讲求"天时、地利、人和"，同样的时间，可以产生不一样的价值。

如果"时—位—人"三者密切配合，必能获得良好的效果。我们通过"待时、察时、趁时"以求"及时"缔造"时中"的佳绩。

如果说"时"是河流，那么"位"就是河流中的杂物。管理之中，有当"位"的，也有不当"位"的，管理者要随"时"的变化，合理调整自己的"位"，才能趋吉避凶。

"时"包含时机和情势，"位"包括身份和场合。时机良好，情势不一定有利，所以适时还需要造势。身份合适，场所不一定配合，在不一样的场合，应该依照自己的身份，做出不同的反应。时位配合妥当，表现出此时、此地最合理的态度和行为，或者做出有效的决策，便是时中。

明确自己的身份，配合时位的变化，加以理性的思考，成为管理者必修的课程。孟子推崇孔子为圣之时者，便是因为孔子能够随着时位的变化调整自己的言行，以求恰到好处。

（3）倡导道德自觉。

牟宗三先生认为大易的内容，主要有物理的、数理的及伦理的三部分。物理方面的内容是"阴阳"，是"变易"，是"生成"，可以用"易"字来表示；数理方面的内容是"序理"，是"系统"，是"关系"，可以用"序"字来表示；至于伦理方面的内容，那就是"意谓"，是"价值"，可以用"吉凶悔吝"来表示。

孔子认为，易学精深广大，是增进道德与开展事业的大学问。《系辞下传》说："天下之动，贞夫一者也"，意思是天下的事物，尽管随时都在变动，但是以自然合理为正常的道理则是一致的，称为常道。做人做事的常道，便是我们所说的道德。所以孔子认为道德浅薄而位居高阶，才智短绌而谋划大事，力量微小而担当重任，都是灾祸。

德本才末，是大易管理的根本用人原则。因为《系辞下传》说得十分明白：善行不累积，不足以成名；罪恶不累积，不足以自取灭亡。如果以小善没有什么好处而不为，小恶无伤大体而不求改变，终有一天，恶积如山而不可掩盖，罪大滔天而无法解救，那就凶险至极了。

大易管理的时代已经来临

20世纪50年代，美国式管理最为强劲有力，形成了"美国人的挑战"。

20世纪70年代，日本式管理扶摇直上，被形容为"日本第一"。

到了21世纪，中国式管理突显威力，即将为21世纪带来不可思议的变化。

以上"1950""1970"及"21世纪"，如果不能说出道理来，就成为不可迷信的"明牌"，若是说出所以如此的道理，那就是科学的"数据"。

可见"明牌"和"数据"，相去并不远，只是道理明不明白、原因清不清楚的区别。只有数字，说不出道理来，称为"明牌"；有数字，而且能够说出它所代表的意义，那就是"数据"，如图1-9所示。

20世纪50年代，世界局势稳定，企业经营环境的变化不大。美国式管理重视"固定、明显的目标"，以及"精准、明确的计量"，在"目标管理"的引导下，拿"管理

明牌	数据
只说出结果	先说明过程
不说明过程	再揭示结果
显得很神奇	有推算依据

图1-9 明牌VS数据

科学"做工具，命中目标的概率很高，因此绩效良好。

20世纪70年代，世界形势剧变，企业经营环境的变化愈来愈大。目标难以确定，计量不容易精准，所以1975年以后，美国经济走下坡路，美国式管理难辞其咎。

日本在20世纪60年代引进目标管理，掺入自己的经营理念，凭着高度的团队精神，培养弹性应变的合作能力。20世纪70年代，正是日本式管理扬眉吐气的大好环境，使得日本从第二次世界大战的战败废墟中突然崛起，举世震惊，当然也十分令人羡慕。

如果将美国式管理喻为"打固定靶"的管理，目标确定、命中率很高，那么日本式管理便是"打活动靶"的管理，虽然目标变动，但是仍然有把握命中。

20世纪50年代，"固定靶"盛行，美国式管理声名远播；20世纪70年代，"活动靶"多于"固定靶"，所以日本式管理占了上风。

21世纪将愈变愈快，"活动靶"几乎成了"飞靶"。中国式管理"专打飞靶"，即将成为21世纪的主流。这从表面上看是"乱打乱中"，实际上绝非如此，不是乱打，而是一出手就命中的真功夫。

为什么中国式管理专打飞靶呢？因为我们的管理理念以大易为根基，对"变化"的掌握最为拿手。视变易为简易，又能够在变易中掌握不易的道理，当然有专打飞靶的功力。

换句话说，世界情势越稳定，企业经营环境越没有变化，中国人越没有什么作为。世界情势越变动，企业经营环境越变化，中国人就越显得精神奋发，能展示出真功夫。

乍看起来，中国人最擅长"浑水摸鱼"，其实不然，我们最有本领"随机应变"。只要用心随机应变，绝不存心投机取巧，中国人必然能够成功！

实际上，以大易管理来推动中国经济发展，从1984年就已经开始了，2004

年以后，越来越展现出明显的效果。

什么叫作"大易管理"呢？就是"应用大易的道理，来实施管理"。

易学的起源是什么？六十四卦究竟是如何形成的？为什么要采用"—""--"这两个符号来表示阴阳？至今仍争论不休。但是易学的应用，由占筮扩及天文、地理、数学、医学、兵略、音律，则属不争的事实。如今把它应用到管理上面，自然顺理成章。

我们既要知道管理到底应该怎样做，又要明白自己之所以这样做的道理。知其然而且知其所以然，才能够发挥大易管理的作用。

一旦能说得出所以然，就有自信肯定自己在实施中国式管理，并且有信心进一步求发展。有些人嘴上说一套，实际上做的又是另外一套——这种心口不一的不得已现象，也才有可能大幅度减少。

否则，明明实行着中国式管理，自己却浑然不觉、认识不清或不敢承认，甚至否认自己的所作所为即中国式管理——这样做，怎么能够名正言顺地迎向未来，走出宽坦的大道呢？

我们把《易经》和《易传》合在一起，称为"大易"，将其道理应用于实际的管理之中，就成为"大易管理"。管理者以"趋吉避凶"为出发点，可逐渐体会到下述三种道理。

（1）吉凶祸福是一种因果关系，但是根据人的意志可以有所改变。不愿改变的，就会呈现原有的因果，成为"命定"。世界上大部分人都是听天由命，凡事都顺着原先所订的计划执行，当然"一切有定数"，丝毫没有自主性。愿意改变的，就会以自己坚定的意志力来改变既定的因果，使其产生不同的变化，这便是"改变命运"。我们看到少数自主性很强的人不停地动脑筋，一直在改变原先的计划，这便是勇于向命运挑战，是具有高度创造性的改命者。

（2）管理者若是没有决策能力，只好一切顺应吉凶祸福的变化，既无奈又无力。管理就是充分发挥管理者的主观能动性以求改变未来，使其逢凶化吉、转祸为福。能够直面困难、力求突破，把危机转化为良机的管理者，才是懂得趋吉避凶的高人。

（3）决策可能是个人的行为，而执行决策、完成任务，却大多需要群体的协作。管理者希望趋吉避凶，摆脱不愿意承受的因果，除了"反求诸己"外，还要进一步"与人感通"。管理者平日受到大家的欢迎，所决定的事宜比较容易得到大家的认同，从而更容易使上下员工通力合作、协同一致，产生强大的执行力。

春秋时代《左传》《国语》已经具备"易不占险，筮必配德"的观念，对决策者的反求诸己有很好的启示，兹说明如下。

（1）从事不正当活动时，不可以用占卜来预测结果。譬如贩卖毒品的人，即使预测一切顺利，也不能视为老天保佑，而放心去兜售。管理不正当的事业，就算一切依大易法则而行，也不会有好结果。占卜的对象，必须是正当事业或正当行为，才能预测得准确，否则就算用心占卜，也不会灵验。"易不占险"便是告诫我们：不可以把占卜应用在邪恶的事情上，因为这是凶险，而不是风险。

（2）预测结果大吉大利，如果没有良好的品德来配合，也不可能获得预期的结果。管理者必须重德，这是大易管理的特质，也是中国式管理的特色。管理者品德修养不好，即使经营得再出色、管理得再有效，也可能会遭受厄运。只有把伦理道德和管理结合在一起，才可能获得良好的结果。

将大易管理从"看风水""算气数"的"小用"上升为"依义理""重品德"的"大用"，这是我们研究大易管理时应该掌握的正确方向。

21世纪就算真的是中国人的世纪，如果中国人自己不争气、不用心，也不研究大易管理，不能发挥易的大用，则一切利基（niche）亦将难以发挥效用。

反求诸己，定位了大易管理的起点，一切以"修己"为基础，修治自己的品德，使自己依义理而行，达到不忧、不惑、不惧的地步，即为"成己"，便是今日常说的"成就自己"或"自我实现"。

在占卜活动中，每一卦都有六画（阴 -- 或阳 —），称为六个爻，我们很容易看出，爻位的变换必然导致卦的变化，因而影响到吉凶祸福的判断。爻位是爻在卦中的位置，由下而上依序排列。每一个爻位都有它的特性，和其他相关的爻位也有若干关联。

《易传》十篇，是解说《易经》最早的心得报告。其中《象传下传》（也称《小象》），写出三百八十四爻（总共六十四个卦，每卦都有六爻，所以合计三百八十四爻）的爻辞。《小象》解释爻辞，特别强调"志""中"与"道"，说明如下。

（1）志即志行。志就是心志的指向，表现为坚定的意志力。管理者意志坚定，则"志行"；否则就会"志疑""志乱"，甚至"志穷"。

（2）中构成"中正"或"中道"。"中"就是"合理"，"中正"指"合乎情境的合理表现"。管理者的决策合乎大易的道理，便是"得中道"。若能确实"行中道"，就能够保障"得人"与"有效"。

（3）道是支配人事的理则。合乎理则叫"中道"，否则就是"失道"。

管理者成己，还要成物。把自己的心推广到其他人物，助其正当发展——这种过程称为与人感通，也就是以自己的心来感应别人的心，以期产生将心比心、心意互通的效果。与人感通的时候，需要坚定的信心、坚强的意志力，以合乎情境的合理表现，依据支配人事的理则，以求"安人"。

修己安人的历程，便是"管理"。遵循大易的道理来修己安人，即为"大易管理"。大易管理的主要精神如下。

1. 掌握宇宙间变易的法则

宇宙万物都在变易，但是变当中有个不变的法则。没有不变，哪里有变的可能？自然界有一定的轨道、一定的限度，把这些不变的轨道和限度找出来，便能"以不变的法则来驾驭万变的现象"，简称"以不变应万变"。

管理者面对瞬息万变的环境，如果一直困惑不解，怎么能够合理地因应？在这种情况下，就算表现良好，也不过是误打误撞式的"乱打乱中"，内心并不能安。

明白大易的道理，管理者可以掌握变易必循的轨道和必守的限度，预测未来的变化，采取合乎情境的合理措施——这才是心中有数的"随机应变"，心自然安。

2. 遵循趋吉避凶的本能

人类有趋吉避凶以求生存的本能，但是"善为易者，不占"，荀子坦诚地告诉我们：单凭占筮来预卜吉凶，不如进一步了解趋吉避凶的易理，然后遵循易理而行，这样不必占卜也能够走上趋吉避凶的途径。

管理者依据大易"象、数、理"的连锁作用，根据现象、数据来推理，做出合理的决策。

同时，管理者必须配合自己的品德修养，心正意诚，推理才能准确。组织目标要光明正大，自己坚守"中以为志"，时刻拿"中正"作为"心志的指针"。一方面追求组织的生存发展，另一方面善尽社会责任。换句话说，心安理得地趋吉避凶，才是"行中道"的有效表现。

3. 实现不忧、不惑、不惧的理想

生存在忧虑、困惑、恐惧的状态中，是一种遗憾。如何"乐以忘忧""学以解惑""敬以不惧"，便成为个人和群体的努力目标。

管理者有理想、有抱负、努力不懈，不但为业绩，而且为安人；不但要实现个人理想，而且要弘扬中华文化，自能乐以忘忧。

大易的哲理，足供人终身学习。不断观象、玩辞，有所体会、有所领悟，可以解答各种经营管理的困惑。

大家彼此帮助，彼此敬业，共同以不变应万变，当然有所为有所不为。

美国式管理，由"权变理论"到"情境领导"，逐渐趋向"大易管理"。日本式管理，由"终身雇用"到集体跳槽，也倾向"大易管理"。在21世纪，大易管理的威力正逐渐展现。研读易理以宏大事业、完成理想，实在是管理者的当务之急。

大易管理就是依易理而行

大易管理，其实就是按照《易经》所揭示的道理来实施管理。

但是，"理"不易明，《易经》的道理，实在"很难讲"。中国人遇到问题，往往回答"很难讲"，就是这个原因。

站在很难讲的立场来讲话，代表一种审慎的态度，丝毫不敢大意。不像现代的某些人，抢麦克风——"我有话要说"，然后死抓着麦克风不放，却在那里乱说话——不但浪费大家宝贵的时间，而且耽误了正常工作的进行。

纵观中国历史，代代都会出现一些"乱说话"的"英雄"，结果不是不得善终，便是遗臭万年，岂能不引以为戒？

因为理不易明，所以造成今日某些人"表里不一致"，心里想的和嘴巴说的不一样。

有些高级知识分子嘴巴上批评算命，称现代科学昌明，怎么可以迷信？实际上以"听听算命的怎样说"为借口去算命，算完了再拿"算命的说来说去还不是那一套"做掩饰。唯有明白易理的人，才会光明正大地算命而不掉入迷信的陷阱。凡是自己不能做出判断、一味接受算命先生的指点的，不管用的是什么方法，都属于迷信。

如果有人告诉我：某位算命先生十分灵验，我会开玩笑地告诉这位仁兄，恐怕不是他算得灵验，而是你十分认真地全力配合他的说辞。被算命的人，听了算命先生的话，不但完全接受、深信不疑，而且配合度很高，一定要促其实现，然后还要赞叹算命先生算得十分灵验，岂不是可笑！

找人算命的人，如果听了算命先生的指点，采取"好的接受，不好的完全拒绝"的趋吉避凶的心态，至少可以大化小、小化了地改变未来。这时候自己得到好处，反过来嘲笑算命先生不灵，那也是不公平的事情。

占卜时，如果依据卦象爻辞，分析其中的道理，让听者对自己内心的疑难加以研判，进而做出决定，那就不是迷信。这样说起来，心里想的和嘴巴说的不一样，其根本原因就在于不明易理，我们不客气地说，就是"脑子不清楚"。

头脑清晰的管理者，能够把管理知识和管理技巧应用得恰到好处。他明白他所做的究竟是根据什么道理，因而就不会"只敢做，不敢说"，显得鬼鬼祟祟。

"只敢做，不敢说"并不是"只能做，不能说"，这两者有很大的差异，必须分辨清楚。前者觉得自己的所作所为总有"耍弄人，欺骗人"的味道，不得不另外拿一套冠冕堂皇的说辞来粉饰自己的行为。

譬如明明知道根本不可能公平，实在很难摆脱"大小眼"的势利态度（对不同的人采取不一样的态度），却口口声声说"公平"；明明知道大家都笑在心里，却不敢不说"大家都很公平"的假话，有时说得自己都觉得不好意思。

头脑清楚的人，依据《易经》"无平不陂"（任何我们所认为平的地方，其实都是不平的。譬如水平面，一直起伏不平，除非是死水，否则都有波浪）的道理，自然敢于明说：如果资源充足、机会无限，当然可以公平，但是管理者所面对的情况，大多属于资源不足而且机会有限，所以不可能公平。不过，就是因为根本不可能公平，所以管理者才必须公正，尽量求其公平，但不能保证一定公平，这就是"合理的不公平"，如图1-10所示。

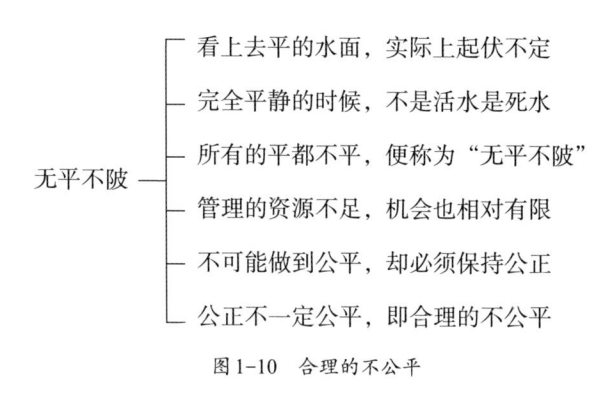

无平不陂 ─┬─ 看上去平的水面，实际上起伏不定
　　　　　├─ 完全平静的时候，不是活水是死水
　　　　　├─ 所有的平都不平，便称为"无平不陂"
　　　　　├─ 管理的资源不足，机会也相对有限
　　　　　├─ 不可能做到公平，却必须保持公正
　　　　　└─ 公正不一定公平，即合理的不公平

图1-10　合理的不公平

这种看起来含含糊糊的理论，其内涵清清楚楚，称为"清清楚楚的含含糊糊"，这往往正是道理的真面目。因为道理的涵盖面十分广泛，很不容易清清楚楚地全部加以包含，一次就能说得清楚。

至于"只能做，不能说"，那是已经确定自己的所作所为合情合理，可是考虑到每个人的立场不同，感受也不可能一致，因此不说出来，有些人比较好受，也比较有面子；明说出来，有些人固然承认有道理，却由于没有面子而觉得难受。这时候为了和谐、圆满，我们采取只做不说的方式，大家都好，岂非更加符合"你好、我好、他也好"的现代化要求？

头脑不清楚的人，反对"只能做，不能说"，或者行动上秉持"只能做，不能说"，嘴巴却死不承认，一直自欺欺人地称自己"既然敢做，就敢明说"。

管理者所做的事情，大多数属于"判断"。我们常说管理者身份证上最好写明"职业是判断业"，比较合乎事实。

学习管理，如果只是把管理的定义、各种相关的概念背得滚瓜烂熟，是永远不可能管到合理的地步的。

很多人认为"概念既然是判断所得的结果",那么"把概念结合起来,当然能够做出判断"。

不错,管理学的理论和方法,都是学者慎重判断所提炼出来的各种结果。但是,管理者依据所学的管理理论和方法,却实在不能保证一定可以做出正确的判断。

究其原因,在于"概念固然是判断所得的结果,但仅把概念结合起来,却实在无法做出判断"。

各种理论说起来都能"自圆其说",头头是道,但实际上很不容易概括全体。特别是"系统"的观念,更是"不得不把系统以外的东西排除掉",自己关起门来,形成一个系统。我们总算有些觉悟,把它称为"封闭系统",因而呼吁大家要重视"开放系统"。

《易经》系统大概是世界上最大的开放系统,大到"无所不包"的地步,因为开放到好像没有系统,令人有"不知所云"的感觉;抱着不知所云的警惕,来探究此时此地的合理解释,才能够从无所固执当中,做出择善固执的决策。运用易理来做判断,虽然开始时非常困难,但是一旦习惯成自然,也就真的易如反掌了。

外国人如果不明易理,常会取笑中国人"事事都是个案处理",因而怀疑我们缺乏原则。

实际上,我们可以问每一个中国人:"你有做人做事的原则吗?"

相信任何一个中国人都会充满自信地回答:"说学问我不敢,说有钱、有势我不够,说有办法我不行,我就是有原则。"至少到处询问的结果,证实中国人都很有自己的一套原则,绝对不肯毫无原则地乱变。

中国人有原则,才敢随机应变;看起来很乱,却乱得十分有条理。可惜西方人看不懂,现代中国人也跟着迷糊起来。我们看似事事个案处理,实际上贯穿其间的，有一个不变的原则，用这个不变的原则来因应万变的个案，才是以不变应万变的真义。

我们常说：现在是信息时代，必须重视信息。管理者眼观六路、耳听八方，固然是个好习惯，但偏偏现代社会"什么话都有人讲，每个人都言之成理"，所以必须慎重选择、明辨是非，才不致"吸收了一大堆信息，反而更无从判断"——不听、不看还好，听了、看了反而不知如何是好。

没有人能够禁止别人说话，任何人都可以自己做出判断。我们可以放心地听新闻报道人员报道新闻，却千万不可以轻易地接受他们的推测或判断。因为新闻是事实，判断或推测则很可能是报道的人自己趁机发表的主观意见。这时候，要用自己的头脑去做判断。

要做到这种地步，必须明白易理。依据易理来判断，才合乎中国人的习惯。

企业组织最大的好处，在于"可以充分运用组织的力量，把不认同组织理念的人排除在外"，我们只需要"志同道合的少数人"，并不需要"志不同、道不合的多数人"。社会可以多元化，这样才显得多彩多姿；企业组织最好一元化，如此才能够集合同志，显现独特的作风。

请放心，现代化的"一元"，不可能像往日一元社会那样单纯；而现代社会多元的气氛，必然会严重地影响企业组织的一元化。在这种情况下，力求多元，就会弄得组织内部乱七八糟、各怀鬼胎；力求一元，才能够"在多元社会中建立自己的特性"，至少做到易理所秉持的"一之多元化"。

企业管理依易理而行，比较容易产生"一元化的共识"，对于期盼中国人团结一致的管理者，这是最有利的实现途径。政府依易理而行，在多元化社会中比较容易形成"有共识的多数"，对其他的少数人产生感召，从而维持"一之多元化"的局面。

最近听到有些来自美国的企业管理者，彼此交换意见："为什么老是把我们

（美国）的管理方法介绍给他们？是不是也应该听听他们管理的道理？他们这样会赚钱，必定有一套管理方法，是不是我们也要学学他们呢？"

知己知彼，乃是现代管理者最好的修养。实施大易管理，同时又明确地知道自己在实施大易管理，才是"既敢做，也敢说"的明智管理者。依易理而行，就用不着鬼鬼祟祟，"只敢做，不敢说"；也用不着嘴上说得冠冕堂皇，实际上另行一套。做一个堂堂正正的管理者，从实施大易管理，而又头脑清楚地敢做、敢说开始。

中国近年来经济起飞，每年都能维持很高的增长率，这难道是美国式管理的贡献？是实施日本式管理的神奇效果？大家心知肚明，这都是中国式管理带来的。有了这样优良的成果，为什么还不敢承认自己所采用的是中国式管理呢？

很多人不敢承认的理由十分简单：因为搞不清楚中国式管理的意思，不知道它所代表的意义为何。凡是看得见、摸得着的管理科学层面，全世界越来越西化，令人觉得自己好像在实施美国式管理，至少也认为自己是一直在向美国人学习。实际上那些看不见、摸不着的管理哲学层面，各地方都不相同，甚至可以说是差异很大。因此管理者表面上学习西方，骨子里仍然保持中国风格，这也是十分自然的事情。

相信了解大易管理之后，大家会越来越清楚：中国人深受大易管理的影响，凡事求合理，所实施的正是中国式管理。

大易促使管理与伦理结合

大易和管理若是风马牛不相及，丝毫扯不上关系，那就不可能产生大易管理。既然有大易管理，就必须叙明两者之间的关系，才能够名正言顺。

人类的基本欲望在于"求生存"，在不同的生态环境中产生了不同的生存方式，构成人类大同小异的多样文化。中国古人在黄河流域艰困的生存过程中体会出大易式的生存之道：一方面以汉文化来建立共识，维系统一的"大同"局面；另一方面则十分尊重各民族的特殊民俗，保持"小异"的色彩。"包容性"实在就是我国先哲处理"多元化"问题的宝贵心得。

从历史来看，中国几乎从来都是"合久必分，分久必合"。但若说中国从未统一过也不符合事实，经常出现大一统的朝代。"说有似无，说无还有"，似乎就是大易式的生存哲学。

现代管理讲求"永续经营"，说起来正是人类求生存欲望的延伸。大易式的永续经营，就是我们常挂在口头上的"生生不息"。

我国先民警觉求生存的先决条件是"趋吉避凶"。中国人对吉凶十分重视，而且明白吉凶临头时很不容易趋避。因此，中国人觉得最好的办法，莫过于预先知道吉凶。中国人喜欢预测未来，于是聪明的人设计出一套"卜"法，来满足人们预测未来吉凶的需求。当时民智未开，蒙上一些迷信的色彩会显得这套"卜"法更加神秘，更能博得大众的信任。

由于龟的外形符合"天圆地方"的要件，因此被视为灵物，拿它的腹甲作为占卜的用具。

现代管理，面对市场的快速变化，必须正确地预测，才能合理地因应。"研发"的功能其实就是"趋吉避凶"，不过摒弃了占卜，改用科学方法，形式有所不同罢了。

但是，我们听到"预测"二字，总觉得不但需要，而且合乎科学，不是迷信；但一听到占卜，便有许多人皱起眉头，认为其不合乎科学，是一种迷信。

这不是很奇怪吗？我们固然很难断定占卜不是迷信，却也提不出证据来指称占卜定是迷信。为什么这些人如此斩钉截铁，果断地说占卜是一种迷信呢？

最合理的态度，应该是不拒绝也不接受，先听听人家怎么讲，再做判断，是不是更安全可靠？

由于龟甲不敷使用，古代的中国人就把牛的肩胛骨也拿来应用。后来农业逐渐发达，牛被改为农用，人们舍不得把它杀掉，而农业社会接触植物的机会很多，所以改用蓍草来占筮。

这些顺乎自然的改变，有如现代管理不断研究预测的方法，力求精准，迄今仍未达到理想的地步。

卜的依据是甲骨被火烤灼所产生的裂纹，叫作"象"。象就是卜兆，用来判断吉凶。中国人喜欢看相，不论面相、手相，都是依"象"而论定的。

筮的依据，则是蓍草分来分去所得的数目，称为"数"。根据数字的组合判断吉凶，成为中国人"心中有数"的预测方式。

卜筮的经验累积起来，言之成"理"，便进入"推理"的境界。不占而能预知未来，和现代化的科学预测几乎具有相同的理想。

卜象和筮数，逐渐构成"八卦"。这种自然的演进，正如管理措施的自然形成，丝毫没有神奇的奥秘。

在文字出现以前，古人用一些奇怪的符号，如"一、㐅、八、十、八"等来记载卜筮的结果。由于这些奇怪符号都刻在甲骨上面，所以被称为甲骨文。

1978年，张政烺先生认为这些奇怪的符号乃是数的记录。他指出"一"为"一"，"㐅"或"㐅"为"五"，"八"为"六""十"为"七"，而"八"则为"八"。为什么"二、三、四"缺失呢？因为"二、三、四"原来的符号为"二、三、三"，很容易和"一"混在一起，难以分辨，因此弃而不用。古今数字的对照如图1-11所示。

一	二	三	三	㐅	八	十	八
↓	↓	↓	↓	↓	↓	↓	↓
一	二	三	四	五	六	七	八
↓	↓	↓	↓	↓	↓	↓	↓
1	2	3	4	5	6	7	8

图1-11 古今数字对照

每次卜筮得到一个数字，每问一事卜筮三次，记录三个数字，构成一个三画卦。

后来人们把"一""五""七"归纳为"奇数"，总称为"—"。"六""八"归纳为"偶数"，统一用"--"来表示。于是数分奇"—"、偶"--"，而卜必三次，排列组合起来，就成为八卦。

可见易卦的起源来自"数"，希望从奇偶的变化中找出已定之数。

从这个角度来看，宇宙间一切变化，无非"数字游戏"。管理实际上也是一种数字游戏，由少变多，由亏转盈，离不开数的变化。

古代巫师依据卜筮所得的数来判断吉凶，现代管理通过研究数据的变化来做决策，岂不是异曲同工？同样是数，难道有神秘与否的区别？

管理从数开始，应用数字管理，正是大易与管理配合的体现。

不管是"八十八"，还是"十八一"，转换成符号，便是"☷"或"☰"。古人从这些符号的组合（也就是数的组合）来观察它到底像什么，比如看"☷"或"☰"时，可将其看作某个物件被悬挂起来，所以称为"卦"。

"卦"就是"挂"的意思，把相关的因素悬挂出来，使人看清当时所处的情境，以便预先警戒而趋吉避凶。

管理最困难的，莫过于管理者"搞不清楚自己的处境究竟是吉是凶"。决策时最困惑的，正在于"到底有多大的风险性"，"有没有超出自己的负荷能力"。

如果管理者弄清楚自己所面对的"卦"，知道自己正处于宇宙间八八六十四种情境中的某一种特定状况，就等于正确预测出了风险性，知道应该注意哪些事项，以求趋吉避凶，这时候卦的作用就会十分清楚地显现出来，对决策很有帮助。

三画卦由阴（--）阳（—）两种爻组成，只能表示八种类型的静态自然现象。六画卦由上卦和下卦重叠而成，由静态进入动态，产生上下两卦之间往来变通的关系，使我们根据天道的自然法则探求出人事得失的道理。上卦称为外卦，表示当时所处的环境；下卦叫作内卦，表示这件事情的本质。管理者掌握事情的本质，了解周遭的环境，再依据卦下所系的"彖辞"来判断，便能够做出正确的决策。

彖辞是整卦的卦辞，用来统述卦义。彖就是"断"的意思，主要指断定一卦的由来及其含义。彖辞的解释，可以参阅《彖传》。

六画卦每一卦有六个"爻"，相当于把一件事情划分成六个阶段来探讨。管理者必须详细考察所得的"象"（现象）和"数"（数据），来研判究竟处在"卦"

（情境）的哪一"爻"（阶段），才能够确切地掌握实际需求，做出正确的判断。

《易经》的六十四卦，代表宇宙间可能出现的六十四种情境。四象相当于四个象限，四个象限不够精细，所以将四象分割为八卦，代表八种方位，八再分为十六，续分为三十二，然后分成六十四，可以说十分精密了。我们把经营管理可能遭遇的情境划分成六十四种类型，再分别探究各种类型的特性和趋吉避凶的要领，供管理者做决策时参考，应该相当有帮助。

我们先找到六十四卦中的某一特定情境，再进一步研判这一特定情境中的某一阶段，从它的现象和数据来探究应该遵循的道理，以便依"理"做出决策。

管理者追求管理"合理化"，却不倡导管理合法化，因为一切法则实际上都具有相当的弹性。如何在"合法"的范围内找出"合理"点，乃是管理合理化的一大难题。

"数"要配合着"象"来分析，"象"要配合着"数"来解释，寻找出"象""数"背后所隐藏着的"理"，才能够依理决策。可见管理有"管得合理"的意思。

"爻"是"效"的意思，仿效万物的动态而立象，叫作爻。爻表示变动的象，告诉管理者"一切事项随时在变动"，管理措施也应配合变动的事项而有所变化。变化得合理，叫作"得"；变化得不合理，便是"失"。得为吉，失则为凶。

管理所面临的变动，有正反两个方向。正向动态的为阳爻，即为"—"；反向静态的便是阴爻，即为"--"。一卦六爻，其动静变化产生吉凶悔吝的情状。爻有爻辞，可以帮助我们了解各个阶段的因应要点。

每卦六爻，阴阳奇偶相杂。所系爻辞主要用来说明当"时"和当"位"的变化。"时"指时间、时势和时宜；"位"指空间、卦位和爻位。管理必须采取"当时、当位最合理的措施"，依据时、位的变化来因应，才能合理。

现代管理，除了追求利润、提高绩效、达成目标外，逐渐重视回馈社会，强调社会责任，这一点大易最为重视，因为自古以来，大易就明白地指出"只有品德良好的人，才有把握趋吉避凶"的道理。所谓"易不可以占险"，便是通常所说的"福地福人居"，如图1-12所示。

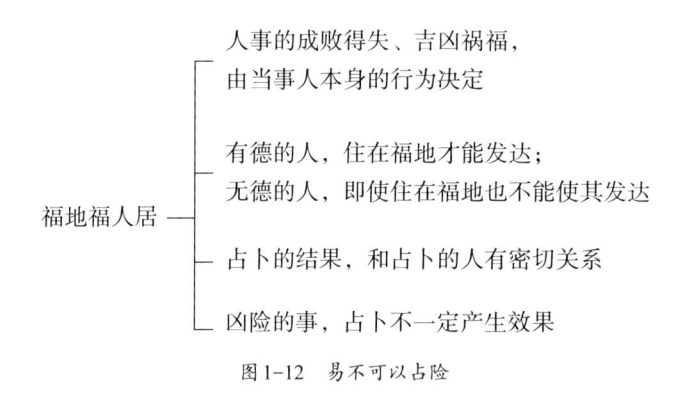

福地福人居 ─┬─ 人事的成败得失、吉凶祸福，由当事人本身的行为决定
　　　　　　├─ 有德的人，住在福地才能发达；无德的人，即使住在福地也不能使其发达
　　　　　　├─ 占卜的结果，和占卜的人有密切关系
　　　　　　└─ 凶险的事，占卜不一定产生效果

图1-12　易不可以占险

吉地，需要有德的人来居住才能使人发达；无德的人，即使居住在吉地，也仍然没有幸福可言。就算有能力看出吉凶的先兆，若是品德不良，也会"看得到，避不过"或"看得见，得不到"，不能保证自己必然获得良好的效果。

管理从管理者自己的修身开始，用意即在使管理与伦理合一，加重管理的"重德精神"。

西方管理殊少论及德行的修养。大易管理因有"易不可以占险"的启示，所以将伦理融入管理之中，从而形成优良的风气。

有些人喜欢说："凭他那副德行，也想来管我？"可见管理和德行合一，早已深入中国人的心中，迄今未有改变。事实上伦理和管理合一，从《大学》一书最能体会得出。

大易对于卦爻吉凶悔吝的判断，因人、因事、因时、因地而异，管理方法同样要因人物、事件、时势、环境的变迁而有所调整。这些外在的变数固然是成败得失的关键，但是最终起决定作用的，显然是管理者本身的行为。现代管理者必须重视这一观点，发扬"敬德""重德""明德"的精神，使伦理重现于管理之中。

出于生生不息的永续经营理念，管理的成效不是一年一度的评估考核所能断定的，管理者必须有长远的眼光，持续对计划进行调整。大易每一卦的卦义，除了"谦"卦外，都是吉中有凶、凶中有吉，意在警告管理者处顺境不可大意，处逆境不能灰心。这种"忧患意识"乃是管理"在变化中有持续，在持续中有变化"的最佳保证，也是生生不息的"阶段性调整"法则，以"进者退之，退者进之"为原则，随时保持"审慎乐观"的态度，从而逢凶化吉。

"谦"卦六爻皆吉，时时保持谦虚、谦恭、谦让的态度，可以永保顺吉。管理者的修己，以"诚、正、谦、敬"为要则，运用"象、数、理"的连锁作用，辅之以占卜，便是大易与管理的结合和应用。

管理者要以"修己"作为管理的起点，先把自己管好，再来管理别人。我们常说的"以身作则"，并不是说管理者应该在专业技能方面胜过下属。事实上，若是下属的专业技能不及主管，这个部门的工作一定做不好，就算能勉强支撑，迟早也要累死主管。以身作则，指的是做人的态度与处事的方法。主管在这些方面为下属做表率，可以收到上行下效的效果。

主管行得正，下属也就会模仿主管，照样行得正。主管重视伦理，秉持"通过好好做人来好好做事"的原则，先把人做好，再进一步把事情做好，下属同样会重视伦理，跟着主管好好做人做事。这样的管理，不但能使团队气氛良好，彼此在和谐中求进步，而且能使大家同心协力、士气高昂。

大易管理的现代基本架构

大易管理，是指合乎《易经》所揭示的道理的管理，目的在于使现代化的管理在中国人的组织中行之有效，然后再通过全球化以求获得管理的世界大同。

管理是"外圆内方"的。外圆的目标，定为圆满、均衡、统一与和谐。很多中国人长久以来就追求这些目标，管理如果不能达到此等境界，就会与他们的内心产生若干程度的冲突，因而觉得有些说不出来的不对劲，以致影响士气、降低生产力。

圆满指完满而无所欠缺。中国人十分重视效果，但绝不是不问效果的善恶而只求其有效。管理若只是重视有效而不问其善恶，那就是不圆满。只有使管理的效果既能提升人格，又能造福社会，才能达到圆满的地步。

管理的结果并不是单纯的明辨是非，或者去非存是。就是非论是非，很容易导致分裂的局面，这也是一种不圆满。管理必须在圆满中分是非，也就是"要分是非，但要分得圆满"，这样我们才能够体会中国人常说的"对但有什么用"的道理。"不对不可以，对并没有用"，圆满大于是非，目的在于使大家都有面子。

均衡指合乎中道，兼顾各方面的利益，是一种"不偏倚"的状态。中国人自称"中国"，不是自以为居天下之中的上国，而是以"中"立"国"的意思。中国自古以来便能时时兼顾各方面的利益，所以包容力与同化力极强，因而成为世界上难得的文化大国。

"中"的意思，其实就是"合理"。中国即指"凡事求合理的国家"，中国人应该凡事求合理，才合乎以"中"立"国"的要求。

管理的目标不是单纯的"追求利润或利益"，而应该由"利"而"乐"，由"乐"而"和"，然后再由"和"而"安"，贯通"安、和、乐、利"，把"和、乐、利"统合在"安"的大前提之下。追求"安、和、乐"的"利"，必须兼顾各方面的利益，才能不偏不倚、合乎中道，如图1-13所示。管理要想减少障碍、消除劳资鸿沟、使顾客长期忠诚、与社会大众和睦共处，就要注意合乎中道。

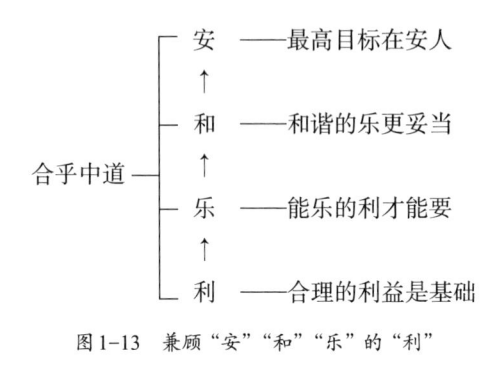

```
              ┌─ 安 ── 最高目标在安人
              │   ↑
              ├─ 和 ── 和谐的乐更妥当
合乎中道 ──┤   ↑
              ├─ 乐 ── 能乐的利才能要
              │   ↑
              └─ 利 ── 合理的利益是基础
```

图1-13　兼顾"安""和""乐"的"利"

统一指浑然一体、没有差别、把矛盾统一起来，是一种"不对立"的状态。一切事物都是矛盾的，矛盾不但不可怕，反而是变化的动力。中国人向来主张"分中有合，合中有分"，不想使矛盾对立，便可以设法加以统一；不必消除矛盾，也不可利用矛盾，而是把矛盾统合起来，"同则相亲，异则相敬"，容小异于大同。

管理固然重视一致性，但更应该注意其变动性。中国人懂得"兼顾"的道理，凡事先立于"两难"的起点，知道"不一定"的真正意味，既不固守一致，也不一味求变，而是"兼顾"到"合理"的地步。管理者胸怀宽广，不执着，也不一心求新求变，自然能"站在'不变也变'的立场"上合理解决问题，如图1-14所示。

```
      两难        →      兼顾       →       合理
     【起点】           【过程】            【终点】
    凡事不一定         多方面考虑        找到此时的平衡点
    一切看着办         尽可能包容         将来再变动
```

图1-14　管理的三进程

和谐指内心快乐、生命充实，是一种"不冲突"的状态。人不免要竞争，西方人主张"用争来争"，所以冲突不断、大伤和气。中国人擅长"以让代争"，在"让来让去"的和平气氛中竞争——没有冲突，也不伤和气。中国人的"官职"都不是争来的，有谁公开承认自己费尽九牛二虎之力才坐上这个位置的？

管理不可能不竞争，且凡事对内、对外都不可能完全公平，所以"不争则已，一争就不择手段"。大家都寄望于有"良好的游戏规则"，却又坚持"现行的游戏规则对我不利"，因此公然不遵守规则，还理直气壮地毫不让步。只有使中国人充分发挥用礼让来竞争的精神，才能够在和谐中分高低，不冲突却能达到竞争的目的。

凡是管理得圆满、均衡、统一而又和谐的，都是按照大易管理的基本架构来实施的，如图1-15所示；将组织管理得四分五裂、偏重一方面利益、呈现对立而又处处冲突的，便不是大易管理。大易管理的要求比较高，一般人不容易达到，必须把握一些基本法则，勉力去做，才能实现预期的目标。这些基本法则，正是"内方"的部分。要外圆必先内方，所以内方是大易管理的基础。

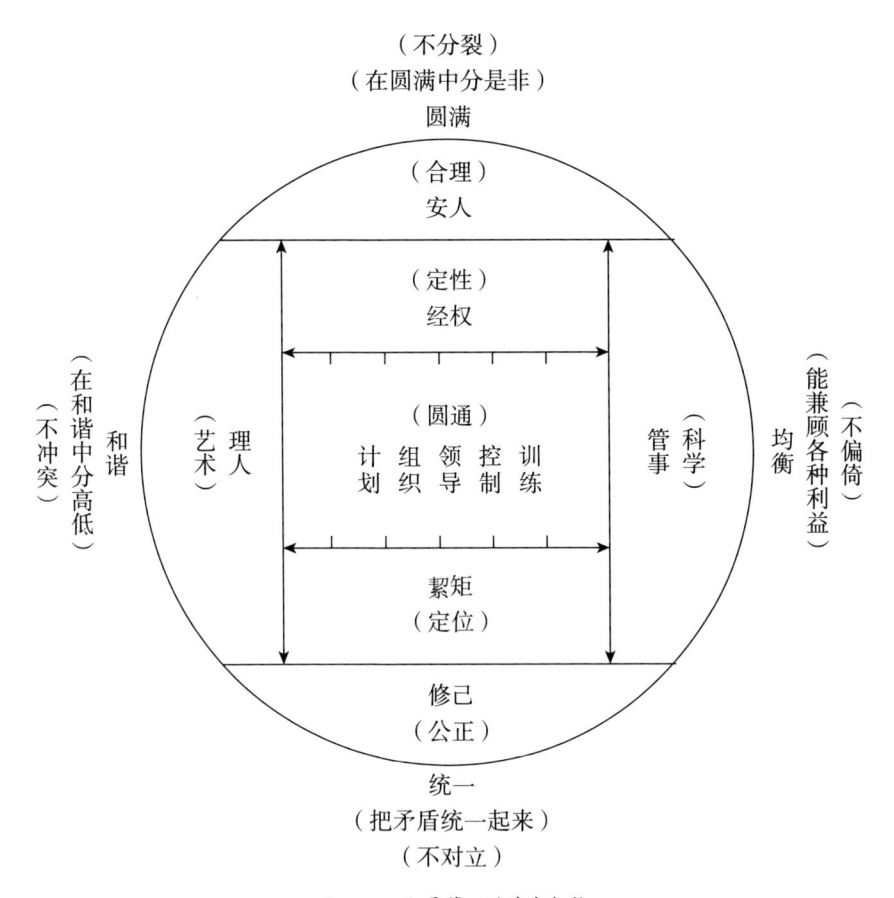

图1-15 大易管理的基本架构

管理的起点是"修己"。管理者自己修治自己，正己然后可以正人。管理者修己，不是为了做圣人，而是非如此不足以服众。

修己是修治什么？答案简单明了，就是"公正"。所有管理上的缺失，都源自一个"私"字。如何"立公心"，是管理者需要努力修治的准绳。一切秉公，自然从容合理，即使偶有疏漏，大家也能谅解，并且可以配合管理者尽力弥补。

公正、公平、公开是不能一口气说完的，因为管理只能够保证公正，而不能确保公平。

修己的目的在于安人。修己是爱己，安人是爱人。前者是"己欲立""己欲达"；后者则为"立人""达人"。管理必须消减各种不安，力求安人。但是"消减"不表示"消灭"，因为组织内外时刻都可能不安，而且"安"的程度也各有不同，所以管理上的安人，以"合理"为度。无论是股东、员工、顾客，还是社会大众，都应以合理的"安"为决策的依据。换句话说，管理就是安股东、安员工、安顾客与安社会大众，而且这四方面缺一不可。

管理的意义在于修己安人，所以管理的内涵是"管事与理人"。中国人把管理的道理通称为"做人做事的道理"，可见"人"与"事"都是管理的主要范围。"事"现在称为"工作绩效"，"人"现在称为"人际关系"，两者兼顾并重，才能确保管理达到前述的圆满、均衡、统一而又和谐的境界。

管事的部分应该尽量科学化，大易管理必须采用科学的办事精神，这是毋庸置疑的。不过，大易管理是以"正德""利用""厚生"之道来运用各种科学的管理工具，因此科学要和伦理相结合，即管理科学要配合中国人的伦理观念，才不致出现严重的管理失调现象。今天许多人沉沦于物欲享受、自甘于堕落颓唐甚至丧失道德勇气，便是只知科学不管伦理的后果。我们推行所谓的现代化科学管理的时候，必须注意到西方管理科学的弊端，要用以人为本的理念来实施合乎人性的管理。

理人的部分，则显然应该尽量艺术化。西方艺术多属英雄豪杰式的伟大，令人崇敬、膜拜；我国艺术则多富有圣贤式、仙佛式的庄严与亲和，使人如沐春风。西方管理的艺术表现在管理者自身的伟大上，而中国管理者则必须以其伟大影响众人，使追随者也因而伟大。

管理是科学，也是艺术，大易管理特别重视科学与伦理合一、艺术与品德结合，所以不是"管人理事"而是"管事理人"。二者主要区别在"不重管人，但不可不理人"。

在当今倡导人性管理的声浪中，大易管理的地位越来越受重视，原因是中国人对人性的了解与人心的洞察，实在是当世第一。

管理的方法，首先要定位，称为"絜矩之道"，要使组织成员各有职务，各有作用，配合得好，就能构成一个方形结构。我们不喜欢金字塔式的组织精神，所有成员都归金字塔顶端的领导管理，心就不得其平。絜是"合"，矩为"方形"：组织成员彼此有关系，却并不互相隶属，各尽其责又自由自在，这样才能心平，也才合乎人性。

其次要定性，称为"经权之道"。经指有所不变，权即有所变，站在有所不变的立场来有所变，便是"以不变应万变"的最高管理智慧。可惜有些人误解了"以不变应万变"的真义，仅知变而不知常，难怪其总乱变。

持经达变，便是有原则地应变。有经无权的管理，过分僵化与呆板，无法适应环境的变化；有权无经的权变理论，则过分偏向权宜应变，容易流于乱变。唯有把握有经有权的精神，才能适时定性，做到合理的地步。

絜矩之道的定位，正是今日所谓分工。组织成员各有所司，而又彼此配合，共同朝着目标尽力。经权之道的定性，就是依据安人的原则，审视时、地、人、物、财的变数，采取合理的措施。

至于管理活动，就项目而言，计划、组织、领导、控制与训练，都与西方相同；但是无论哪一项目，均以"安人"为准则，显然为西方所不及。

大易管理强调一切管理的目的都在于安人。计划是预备今后几年如何安人，组织是聚合安人的力量，领导是发挥安人的潜力，控制是保证今后几年如何安人，训练也是建立安人的共识与提升安人的能力。

既然管理活动都以安人为本，那么"圆通"就成为管理活动共同的标准。"圆通"与"圆滑"一字之差，极易引起误会。中国人最讨厌"圆滑"，最欢迎"圆通"。我国的方圆哲学，讲求外圆内方。管理要圆通，却不可无原则。表面看来"圆通"和"圆滑"完全一样，都是"推、拖、拉"；但是从效果看，二者完全不同；解决问题的推、拖、拉叫作圆通，不能解决问题的推、拖、拉则是圆滑。中国人不可以不推、拖、拉，更不可以不合理地解决问题，所以凡事必须协调，以求圆通。

"圆"在中国人的观念中也被称为"大方"，管理要大方，就必须方中求圆。一方面把人的创造力发挥到极致，一方面也要明白人是有极限的，要谅解其有限性。

大易管理十分重视科技的应用。我们常说"没有规矩，不成方圆"，规矩便是管理工具，非科技化不可，但是管理工具是用来"成方圆"的，必须与人文素养贯通，才不致落入"两极化"的陷阱——不是"一不做二不休"，管它后果如何，先展示个人魄力再说，便是"想太多但不敢做"，成为鸵鸟式的乡愿。

方中求圆，看起来相当凌乱，但宇宙天圆地方之间，凌乱中也有其条理，所以"乱中有序"，看起来管理得乱七八糟，实际上井井有条且得其"安、和、乐"之"利"，这正是大易管理的写照。

第二章 大易的功能

大易具有四大功能，分别为"象""数""理""占"。其又可以分为两大部分：一部分为"象、数、理"，另一部分为"占卜"。

"象"指"各种相关的变项"，也就是"可资分析的现象"；"数"即"有关的数据"。有象有数时，必须经由象数来推理，构成"象、数、理的连锁作用"，从中找出可行的管理之法，然后据以实施。若是舍弃象数，专就占卜，那就过分迷信了。

象、数、理的连锁作用，正是管理合理化的决策过程。按照道理去做，就叫作管理合理化。唯有通过数据和现象来判断，才能预见未来的先机，进而合理运作，求得最大的利益。这种预见就是对于未来的预测，并无神通可言。

无象无数时怎么办？难道可以一切停顿、不做决策？这时候就需要通过占卜来激发灵感，从而辅助决策。

占卜是不是迷信？答案很简单：占卜本身不迷信，占卜的人才可能迷信。信者自信，迷者自迷。迷信不迷信在人，并不在占卜。

完全相信占卜的结果，毫无疑问地照单全收，那就是迷信；有了占卜的结果，还会进一步研究判断，思考结果可信不可信，或者有些部分信有些部分不信，最后依然由自己做出决定，就不是迷信。

管理的目的在于趋吉避凶。除了象、数、理、占，管理者本身的德行也很重要。有德的管理者，不论是依象、数、理连锁作用而行，还是依占卜判断而决，都必然逢凶化吉。缺德或无德的管理者，最后的结果必凶，这也不是迷信，如果做人连这一点起码的信心都没有，恐怕也不是称职的管理者。

孔子解释大易的哲理时，把它由神道引入人道，脱掉原先以神道设教的神秘外衣，开创了大易哲学。他希望大家尽量不要依赖占卜，而是学会应用大易的道理，以发挥大易的大用。他说："不占而已矣！"意思是不可以完全相信占卜，若凡事都能够依理而行，当然可以不卜。

大易应用在管理上有四大功能

陈炳元先生认为《易经》离不开三项要素，那就是象、数、理。因为数由心生、象从数出，象繁数滋，揆之于理，观象明理，穷理推数。可见无论何时，讲到任何事情，都应该从"象、数、理"三方面来考察。

管理者的第 6 课

看到数字的时候，赶快去观察现象，两者配合才能形成作为管理依据的数据；若是数和象不相符合，就应该探究为什么会这样。若是现象变了，数据也要跟着改变；若是有人捏造数据，要及时加以更正。看到现象，也应该赶快找出相关的数据，有利于进行正确的研判。现象若是在不断改变，便需要追踪计量，统计出变化的数据。现象和数据的背后，必定有为什么这样的道理，最好及时把它寻找出来，作为推理的依据，以预知未来可能的变化。

伏羲氏用手在地面上画出了一个最简单的符号"一"，这一画便是"数"的开始。中国人喜欢说"我心中有数"，而且普遍承认一切皆有"定数"，可以证明我们对"数"的重视。当然，我们也可以说伏羲氏这一画是象，"一"是象的基础。可见象数合一，观察者既可各取所需，又可合并解释。

我们先来看数。大易的数，高怀民先生依其性质，分为奇偶、大衍、老少阴阳、河图洛书及先天易数五类，如图2-1所示。

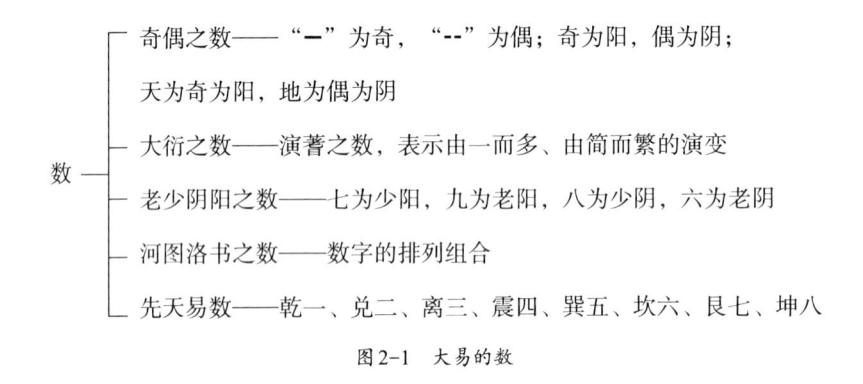

```
       ┌ 奇偶之数——"一"为奇，"--"为偶；奇为阳，偶为阴；
       │             天为奇为阳，地为偶为阴
       │ 大衍之数——演蓍之数，表示由一而多、由简而繁的演变
数 ──┤ 老少阴阳之数——七为少阳，九为老阳，八为少阴，六为老阴
       │ 河图洛书之数——数字的排列组合
       └ 先天易数——乾一、兑二、离三、震四、巽五、坎六、艮七、坤八
```

图2-1 大易的数

（1）奇偶之数。"一"一画为奇，"--"两画为偶。奇为阳，偶为阴。"一"发展为"☰"，象天，为奇；"--"发展成"☷"，象地，为偶。所以《系辞上传》记载："天一，地二，天三，地四，天五，地六，天七，地八，天九，地十。"其中五个天数"一、三、五、七、九"相加的和为二十五，仍为奇；五个地数"二、四、六、八、十"相加的和为三十，仍为偶。天地之数由一到十总和为五十五，为奇；象征天地之全的太极，也是奇。

（2）大衍之数。"衍"就是"演"的意思，《系辞上传》说："大衍之数五十，其用四十有九。"古人用蓍草做筹码，来推演由一而多、由简而繁的万物之数。整个占筮的经营，就在四十九根蓍草的变化，由所得的数来论断吉凶。这些蓍草就代表大衍之数。

（3）老少阴阳之数。在占筮的过程中，六、七、八、九是四个十分重要的数，七为少阳，九为老阳，八为少阴，六为老阴。七与九为阳，向上由七而九；八与六为阴，向下由八而六，所以我们常说"七上八下"。七、九、八、六依"阳动而进及老变阴，阴动而退及老变阳"的理则，呈现"七→九→八→六→七……"的次序，象征易道的周流不息。

（4）河图洛书之数。《系辞上传》记载"河出图，洛出书"，相传伏羲时代，有龙马背负图案出于黄河；夏禹治水时，有灵龟背负文书出于洛水。从此河图与洛书并称，合为"图书"。河图如图2-2所示，洛书如图2-3所示。洛书的数中，5居其中，1至9的其余八个数，分别置于四方四隅，无论纵横斜贯，数目相加都是15。如以数字代替黑（偶数）、白（奇数）点，正好是《大戴礼·明堂篇》所列的"二九四、七五三、六一八"数字排列，如图2-4所示。

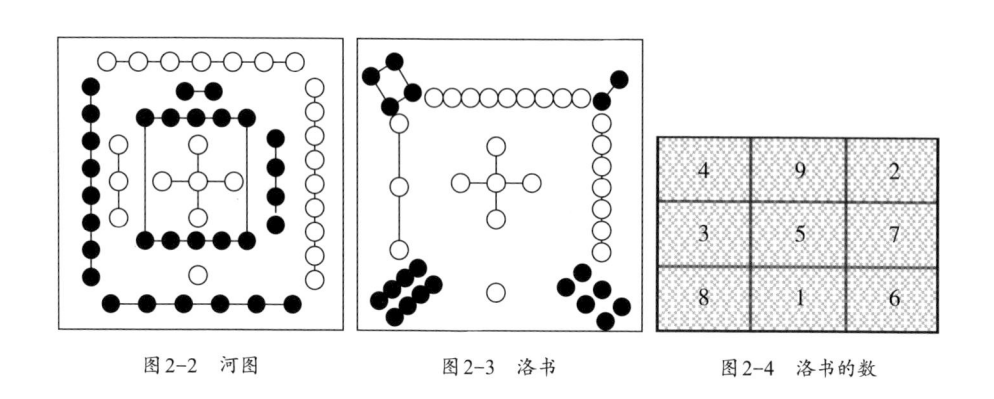

4	9	2
3	5	7
8	1	6

图2-2 河图　　　　图2-3 洛书　　　　图2-4 洛书的数

（5）先天易数。宋朝邵雍将伏羲先天八卦分别配以数字，依序为乾一、兑二、离三、震四、巽五、坎六、艮七、坤八。由一至八，刚好连接成一个"反S线"，也就是民间流传的太极图中的弧线。邵雍又确立元、会、运、世、年、月、日、辰的数，定为一元十二会、一会三十运、一运十二世、一世三十年、一年十二月、一月三十日、一日十二辰。以十二与三十交替为用，定下一元十二会、三百六十运、四千三百二十世、一十二万九千六百年。

中国人常说天数、定数、命数、运数，在管理上，其实就是各种有关的"数据"。依据数据的数量来管理，就是现代所重视的量化。

伏羲氏一画开天，一画是数，开天则是象。象就是像，"一"发展为"三"，像天的样子，所以象天。《系辞上传》说，圣人有见于天下的事物，杂乱不一，因此模拟有关事物的形容，设卦以象征其情状，所以叫作"象"。伏羲氏仰观天文、俯察地理，观察鸟兽羽毛的纹彩、山川水土的地理，近则取象于一身，远则取象于万物，这才创造出八卦。

至于象的种类，高怀民先生把它区分为八卦、六十四卦及各种形式的卦图。

看卦先看象，卦有卦象，爻也有爻象，有对立，也有统一。

象就是现象。管理除了重视数据，还应该仔细观察、分析各种有关的现象，才能了解数据所代表的真正意义，从现象的变化当中归纳出隐于其中的道理。

"理"不易明，所以能够阐明义理的易学家并不多见。三国时期曹魏经学家王弼独标义理，把东汉末期的术数一扫而光。易道除追求真理外，最特殊的就是建立伦理，三纲五常、四维八德，均属伦理观念。

《易经》古称"变经"，因为它所讲求的是"穷则变，变则通，通则久"。中国人喜欢变通，也善于变通，可惜往往忽略了公、诚的基础，以致流为"投机取巧"、盲目求新求变，或者为了变通而不择手段。中国人必须谨记：只能随机应变，不可以投机取巧，才不致变而不通，成为乱变。

其实《易经》所讲的道理，并非一心求变，而是"通变求常"。所以把"变经"改称为《易经》，希望大家明白"变中不易"的道理，并切实施行。

易的基本含义，为"不易"与"变易"。不易指太极的不变，变易指六十四卦的互变。合变易与不易，构成中国人常说的"有所变有所不变"：有所不变为"经"，有所变为"权"。我们喜欢"持经达变"，有原则地应变，便是易理的应用。

管理者的第7课

持经达变是管理者必须具备的素养。求新求变，常常导致离经叛道的乱变，不可不慎。先把不轻易改变的原则定下来，作为共同遵守的常道，也就是我们常说的常规。有了这样的规矩，再来应变，比较令人放心。管理者以身作则，站在不变的立场因应内外环境的变化，做出合理的改变，千万不可以为变而变，为创新而创新。最好把求新求变改变为合理的创新，才能收获良好的结果。

管理说起来就是"管得合理"，依易理而行才会顺利得"吉"。

太极表现于象形的，叫易象；可证于数字的，叫易数；而探索其理则，就成为易理。

管理的过程，不外乎分析现象（象）、测量数据（数），找出何以如此与如何改善的道理（理）。应用《易经》的象、数、理，可以解决管理中遇到的各种问题。

对于信息充足、数据正确的项目，管理者应该观象明理、穷理推数，运用象、数、理的连锁作用来加以处理。

管理者处于信息不足、数据不明，有看法却犹疑不定的处境时，如果以诚恳的态度、依照正式的方法就单一事项进行占卜，同时又知道怎么正确解卦，那么，占卜自然能对决策产生很大的助益。

以言者尚其辞，依卦爻所系文辞来阐明吉凶的理则，便是"理"。以动者尚其变，观察奇偶阴阳的数量变化，以决定进退行止，即为"数"。一卦一爻，各有所取象，以制器者尚其象，仿效卦爻的形象来制作器物以为用，称为"象"。至于以卜筮者尚其占，乃是运用占卜来问事决疑，也就是"占"。"数""象""理""占"四大功能若是妥善应用在管理上，管理者就会成为懂得变化之道的"经营之神"了。

不明易理不足以担任高阶主管

《易经》最先仅用于占筮，相当于江湖术士算卦的本子，并无高深哲理。

我国先民遇到疑难问题无法解决时，或者认为事情重大、必须先预测吉凶时，就会进行占筮。

由于"数"分奇、偶两种，而占卜要行三次，所以会产生八种可能的排列、组合，即"八卦"。

八卦两两相重，成为"六十四卦"，此时它仍旧只是数的组合，丝毫没有神秘的色彩。

管理者的第 8 课

把当前科学所不能解释的事物称为"负科学"，而不是以不科学的态度断定其为"不科学"或"伪科学"，以免做出不良的示范，导致下属也跟着不科学起来。科学是不断进步和发展的，许多原本不能被证明的"负科学"，经

> 过一段时间的努力，终于变成了"正科学"，这种由负转正的情况，构成了漫长的科学发展史，而且将继续发展下去。对于我们搞不清楚的东西，最好姑妄听之，姑妄信之，采取既不赞成也不反对的态度，才比较安全。

戴琏璋先生认为《周易》作者在占筮活动中，不只探寻人事的成败得失、吉凶祸福，还更进一步地追究其为何如此，不断思考这些在现实中不可避免的成败得失、吉凶祸福应当怎样来因应才算合理。

人事的成败得失、吉凶祸福，虽然有天命影响的成分，却也决定于当事人本身的行为。大易管理哲学将管理和伦理结合在一起，成为中国式管理的一大特色。

高怀民先生将易学的演变过程划分为四个时代。他认为伏羲氏画八卦，属于天道思想时代，用的是一套符号，称为符号易；周文王演易，属于神道思想时代，用符号来记录占筮的结果，称为筮术易；《十翼》的出现使其上升至哲理范畴，属于人道思想时代，成为易学主流，称为儒门易、道家易；现在则进入融合变化时代，易训诂学、易算命学、易天文学、易物理学、易医学、易电脑学等相继产生，大易管理学当然也不能例外。

大易哲学的根本意义说明如下。

（1）八卦是将宇宙间一切自然现象用八种符号来表示，后来古人觉得自然现象越来越复杂，才将八卦两两相重，形成六十四卦，分别表示宇宙间各种不同的可能状态。

（2）八卦两两相重，使原本八卦所代表的静态自然现象，由于上下的互相影响而变动，人们从这些"变""动"当中，根据自然天道（天）的变化找出人类行为（人）的合理途径，用以解决各种人事问题。

（3）天下万物都不脱自然规律的支配，从自然现象中找出人类的生活准则，然后将这些归纳为六十四种类型，以卦辞、爻辞的形式呈现，并在其中融入先贤的人生体验，供后人参考。

就管理而言，个案研究是相当有效的学习方法。《易经》八八六十四卦，正是最好的典型个案，管理者如果勤于研讨，深入分析和体会六十四卦所代表的各种情况，那么不论遇到何种情况，都可以依据卦爻辞的启示触类旁通，找到合理的解决方法。

管理者的第 9 课

管理遇到问题时，可以将《易经》拿出来，顺手翻阅，翻到哪一卦，就看看那一卦的卦象和自己当前的问题有没有关联。基督徒翻阅《圣经》，佛徒翻阅佛经，管理者翻阅《易经》，有异曲同工的神妙。往往一翻，刚好就翻到自己所需要的那一章节，而文中所说，又对解决眼前的问题有所启发。

卦爻对于吉凶祸福的判断，总是因时、因地、因事、因人而异。《易经》的基本原理，即在"抓住变化的道理"。高阶主管面对快速变迁的环境，如果不能及时掌握未来的变化，请问如何合理因应？如何做出有效的决策？

怎样抓住变化的道理呢？如图 2-5 所示的三大要诀可供参考。

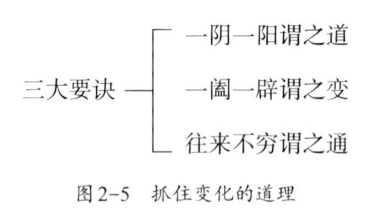

三大要诀 ── 一阴一阳谓之道
　　　　　　一阖一辟谓之变
　　　　　　往来不穷谓之通

图 2-5　抓住变化的道理

1. 一阴一阳谓之道

道就是变化的过程，管理者必须充分了解分化（一分为二）、统合（二合为一）、反复（一而二、二而一）的道理，才能看清楚变化的过程。

2. 一阖一辟谓之变

阖是关，辟是开，一阖一辟便是一关一开。周鼎珩先生举例说："如同一所房子，有好几道门。我们只开一道门，其余的门户都关起来，那么，住在这所房子里面的人，除非不出入，如果要出入，那就非走这一道门不可。"

管理必须制度化，制度就是开关。借着一开一关，使大家朝向目标努力。

春秋时代，管仲辅佐齐桓公，任齐国相，想要取缔无业游民。他运用阖辟的方法，将全国人民划分为"士农工商"四民，各有规定的服装。对于无业游民，特别设计了一种非男非女的特殊服装，使其在社会人群中显遭孤立，于是游民纷纷就业，自然消失。

3. 往来不穷谓之通

道就是变通，越变越顺畅。管理者谨守大易管理之道，自然懂得变通，而且越变越通。

宇宙间的现象，本来就变化不定。每一种现象，除了自身有起有伏，呈现波浪形变化以外，和其他的现象也互有往来，形成互动的关系。中国人喜欢说"往来"，一个现象的"往"，招致另一个现象的"来"。人与人有往来，才能形成互动；事与事有往来，才能发生关联。

寒来暑往，循环不尽，这是天地的感通；主管与下属沟通良好，意见互有往来，属于人际的感通；生产与销售配合，紧密合作，乃是事物的感通。管理者以诚、敬的心情来促进往来的合理化，事业自能长久不匮。

管理者的第 10 课

往来的作用是消灭本位主义，形成良好的分工合作。管理者可以从易卦的彼此关联性中想通"牵一发而动全身"的道理。任何一件事情，不论大小，都息息相关，不能够等闲视之。如果只看大不看小，认为小事不值一提，我们就可能因受到它的牵累而后悔不已！小事可能变大，即使永远是小事，也可能会变成具有关键作用的小事，最好趁早加以处理，更加安全有效。

高阶主管不像基层员工那样一切遵守规定就好，也不像中层干部那样能依据上级指示而适时应变，高阶主管必须能预测未来、主动求变。就"变易性"而言，高阶主管求新、求变的比例最大。对于变化的道理及变化规律的掌握，高阶主管需要有更多的了解和体会。因此钻研易道、学习大易管理，就成为高阶主管的必备素养。

古人说："不学易，不足以为将相"，今日的高阶主管，其地位与将相十分相似。若是不明易理，不行易道，如何因应未来快速的变化？如何使个人与组织立于不败之地？

象数理连锁作用才能做出正确判断

《系辞上传》说：圣人依据易理，可以融通天下的意志，奠定天下的事业，决断天下的疑虑。

怎么易理会有这么大的作用呢？归根结底只有一个原因，那就是依据易理可"依理行事"。凡事合理解决，就是今日的"管理合理化"。易理所言的合理化的途径有二：有象有数的，借助象数来推理；无象无数的，用占卜来寻找可遵循的道理。

管理之道，贵在掌握管理的基本法则。透过象数的判断，通过细微的变化来预见未来的先机，进而合理运作，以求利益化。

趋吉避凶，乃是管理者最关心的课题。今天所谓的"危机管理"，其中讲到管理者必具忧患意识，其实《系辞下传》早就说过："作《易》者，其有忧患乎？"周文王被囚羑里，以忧民患世的心情来推究易理。管理者依易理而行，自然可以趋吉避凶，达成危机管理的使命。

象、数、理的连锁作用，正是管理合理化的有效途径。

大易揭示了宇宙的原理，把它归纳为阴（物质）、阳（精神）、时（时间）、位（空间）四大要素，如图2-6所示，以象数理来说明。

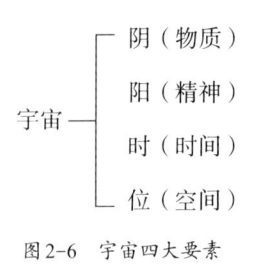

宇宙
- 阴（物质）
- 阳（精神）
- 时（时间）
- 位（空间）

图2-6　宇宙四大要素

管理者解决问题的步骤通常如下。

（1）确立改变目标：如决定把甲变成乙。

（2）减少或消除差异：找出并减少或消除甲、乙之间的差异。

（3）采取行动：采取有效行动，将甲变成乙。

在确立改变目标方面，又包含如下四个步骤。

（1）发现改变的必要性：依据改善意识进行改变，不好的要变成好的，好还要变成更好。不断求取进步，才是改善意识。

（2）寻找可行的措施：寻找各种可能对改变有帮助的措施。

（3）选择合理的方案：在各种可能的方案当中，选择一种最合理的。

（4）评估改变的结果：适时评估改变的结果，并以此作为下一次改变的重要参考。

管理者最好先找出数据，然后分析现象，进而总结出必然的道理。因为先有心生的数，后有可见的象，一旦现象很明显，就比较容易通过观察现象来推断其结果。

有一位餐厅老板十分高兴地向王顾问报告近况：营业额大幅度增加。

业绩提升，可以从收支金额的数据上显示出来。盈余增加，表示生意兴隆，老板当然喜形于色。

王顾问不慌不忙，先问"营业时间有没有延长"，就"时"的因素来进行思考。

老板回答："没有。"

王顾问接着询问"营业场所有没有扩展"，就"位"的因素加以研究。

老板同样据实以告："没有。"

"时""位"没有变化，王顾问自己琢磨："营业时间没有延长，营业场所并未扩展，怎么可能增加业绩呢？"于是想到"阴阳"的变化上面，他说："这样看来，服务态度一定有所改变，能不能让我亲自去观察一番，看看现场的情况再来做判断？"他打算观察可见的象，来寻找营业额增加的原因。

老板非常欢迎，然而王顾问去了一看，居然铁口直断："六个月以后一定歇业！"

猛然看起来，王顾问可能精于风水、善于看气，要不然就是暗地里卜过卦，否则怎会口出此言？

其实王顾问完全是依据象（现场的情况）、数（增加的营业额）进行推演，才有把握地做出推断。

他说："近来营业额的增加，有两种因素：一是服务态度改善，使顾客觉得十分亲切；二是设法催赶顾客，提高用餐人的周转率，使有限的时间及场所获得更多的利用。这两种改变，在短期内能奏效，所以业绩提升。

"但是，附近的餐厅同样在改善服务态度，而本餐厅过分积极地催赶顾客，却会使顾客心生不满。几个月后，结果就是旧有客人大量流失、新的顾客接不上来，所以餐厅只好歇业。"

心生数，老板对业绩增加一方面感到很高兴，另一方面也心生怀疑。幸亏他意念动得快，能产生"业绩是怎样增长"的疑惑，并通过咨询寻求答案。发现症结所在后，如果及时加以调整，很可能就能避免歇业的厄运。

若是老板一见业绩提升便沾沾自喜，归功于自己领导有方，那么，六个月后必然颓势难免，届时恐怕只好归罪于风水不佳或自己运气不好了。

易数称为奇偶，并不叫作单双，因为单双只能表示数目，而奇偶才能兼寓阴阳的形意。

对于"数"，管理者必须提高警惕：一方面要明白"数字固然不会骗人，但是人会捏造、篡改数据来行骗"；另一方面要认识到数字有阴有阳，同一数而象未必相同，必须详加分辨。

财务分析作为企业管理的依据，以会计资料和财务报表为基础，来分析企业的经营状况，这便是数的应用。

然而，会计制度再健全、资料再完备，如果管理者没有相应的头脑，也不一定能够做出合理的决策。

决策是电脑和人脑两者配合的结果。电脑可以输入资料、分析数据、汇总出各种可行的方案，至于如何在多种方案当中寻找出合理的定案，那就需要管理者发挥人脑的作用了。

人脑的作用，在于"见数知象"，而不是一味地"得意忘象"。

数是自然存在的。彼此若是言语不通，互相用手指表达数目，似乎也很容易沟通；但如果表达其他的意思，就会困难得多。可见"数"比"语言文字"更为原始，更容易被理解。

见数知象，易卦就是依自然数次序，用阴（--）和阳（—）两种符号在上、中、下不同位置来表示八种不同的组合。一方面呈现八个数，另一方面也表现八种象。

当管理者确定要改变目标时，对于甲和乙的"认知"，便是"知象"的运作。所谓认知，就是对问题所进行的必要了解。同一个数，有不同的象；同一种象，也可能产生不同的认知。

服务人员异口同声，向顾客大喊"欢迎光临"，这是一种现象，到底有效与否，不同的人有不同的认知。

对陌生客人而言，欢迎光临的亲切口语能给人温暖的感觉，使顾客产生宾至如归的好感。然而对熟悉的顾客来说，与其喊"欢迎光临"，倒不如直呼其名或尊称其姓更能拉近彼此的距离。多次光顾，仍然换来一般性的欢迎词，实在不能令顾客满意。

为什么同样的象，会产生不同的认知呢？因为每个人所领悟的理并不一样。我们常说"没有规矩，不成方圆"，方圆是理，规矩则是数象。没有数象，怎么能够找出义理？有了规矩，并不一定能成方成圆，因为不同的人使用规矩的方法未尽相同。就算有了数象，有些人也并不一定必然能悟出真理。

观象明理，是管理者必须把握的重点。依理行事，按照道理来管理，自然合理而有效。

万事万物都有理，但是也最难分辨。中国人喜欢说"很难讲"，便是基于"理不易明"的事实。站在"很难讲"的立场来讲，才不致乱讲。

理有真理、公理、伦理，如图2-7所示，就管理的领域而言，公理和伦理有时比真理更重要。

理 ─┬─ 真理：重真实性，对就是对，错便是错
　　├─ 公理：重接受性，依现实情况做出判断
　　└─ 伦理：重妥当性，依人伦加以妥善调整

图2-7　理有"三理"

自然科学追求真理，对就是对、错就是错，一切以"真实性"为依归。

管理除追求"真实性"外，尚须兼顾"妥当性"。真实而不妥当，有时会带来很多困扰。

主管的级别越高，越觉得有些事"只能做，不能说"。为什么不能说呢？因为不妥当。为什么只能做呢？由于它具有真实性，当然可以付诸实施。

有些人明明是出国访问，却说是去度假，便是兼顾真实性与妥当性的一种权宜措施，并不属于欺骗行为。

若干管理者出身于自然科学领域，一心求真实，却忽略了妥当性，常常觉得"每说一句实在话，就会惹起很大的风波"，因而责怪人心不古、世风日下，其实是自己不了解真理与公理的差异，才会产生这样的错觉。

管理者所秉持的基本法则，未必是真理，却实实在在是时下比较合乎实际的公理。

基本法则离开数象的判断，就会脱离现实，因为每一种情况的数据和现象都不相同，必须依现实情况进行判断。

理不易明，真理很不容易寻找。公道自在人心，在寻得真理之前，不妨暂时依循大家所能接受的公理行事。而中华文化最能发扬易道的，则是伦理。

管理者的第11课

管理为什么要和伦理结合在一起？因为人会老、体力会衰退，而有智慧的人，不一定身体特别健壮，斗智不斗力就成为管理的要则。要达到这样的目标，就必须讲求伦理。何况《易经》的道理，即在唤醒人性，教导人们处处要兼顾"情""理"。因为过分重"理"，势将灭"情"，人若无情，何以为人？所以管理者必须一方面讲求真理，另一方面重视伦理。

建立企业伦理、追求行业公理、尽力迈向真理，乃是象数理连锁作用的具体表现。变中有常，在求新求变中不忘伦理、公理和真理，是现代企业管理必须重视的精神。

加强道德修养以获得天佑

《系辞上传》说："自天佑之，吉无不利。"孔子解释说，"佑"是帮助的意思，我们做人做事，如果顺乎自然的道理，便能够获得上天的帮助，称为"天佑"。管理者坚持诚信待人，便能得到下属及他人的协助，有如上天垂佑，无往而不利。

大易所说的天，原本就没有神的意思。大易中的天指的是自然的天，或者易理的天，兹说明如下。

1. 自然的天

我们说的天，其实包含地在内。看见苍天，应该想起大地；立一块后土的牌子，同时也代表皇天。所以自然的天，便是我们眼睛睁开就能够看见的天地，即我们生存的自然环境。我们相信，有天地才有万物。天生万物，其实是天地生万物。万物有天有地，才能够顺利生长。作为一个人，必须不忘根本，因此要常怀谢天谢地的心情。我们自古以来对上天特别尊敬，也格外亲昵，常常把"老天爷"

挂在嘴边。现代年轻人说完"God",常会接着说"老天"。有时候刚说"老天",接下去便称呼"My God"。可见在我们心中,要寻求自然力量时,会本能呼喊"老天";而当涉及宗教信仰时,则会自然地转向"My God"。

2. 易理的天

"天"看起来在我之外,实际上"天"所昭示的义理在我的心中,所以人的心便是"天"。我们常说"天理良心",意思是人凭良心,即顺天理,"良心"和"天理"二者是合一的。

高怀民先生指出:大易所揭示的道理,可以说都包括在"法天地"之中。因为天地便是乾坤,由乾坤育成的宇宙万物,本身即在乾阳坤阴的流行法则之中。人为万物之一,也必须顺着天地的法则而生存发展。他进一步说明:如果人是为了维系宇宙的一致和谐而效法天地,认真说起来,这种观念并不正确。我们既生为人,生活在宇宙之中,就应该明白我们的处境是"不得不"效法天地,"不得不"维系与宇宙一致和谐的关系。因为滔滔江水东流,凭着人类这一滴水的微薄力量,想要顽抗巨流,是根本做不到的。

管理者的第12课

"凭良心"是决策的不二法门,管理者最好在做决策的时候,以不得不"凭良心"当作唯一的判断标准。因为这样一来,不但管理者自己"凭良心",而且会影响到干部和员工,使大家也逐渐养成"凭良心"的习惯。实际上,只要组织成员能够各凭良心,组织文化就会以"凭良心"为主流。

现代科学发达,特别是西方国家凭借科技而强盛,令人觉得人定胜天,殊不知大自然在不言不语中,已经默默地大力反扑。人类因科技而兴盛,也将因滥用科技而毁灭。在这种情况下，我们一方面要发展科技，另一方面也应该效法天地自然。

试观六十四卦之中，哪一卦没有反映天地自然的道理？我们常说的吉、凶、悔、吝、无咎，判断的标准就在于是否"效法天地"，如图2-8所示。

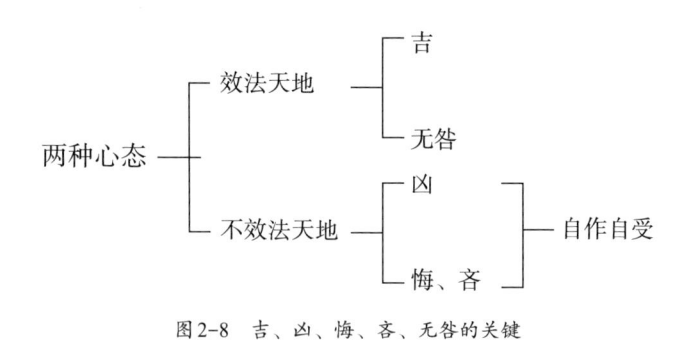

```
                    ┌── 吉
         ┌─ 效法天地 ─┤
         │          └── 无咎
两种心态 ─┤
         │          ┌── 凶 ──┐
         └─ 不效法天地┤       ├── 自作自受
                    └── 悔、吝 ┘
```

图2-8 吉、凶、悔、吝、无咎的关键

我们以乾卦为例。《象传》说得十分明白："天行健，君子以自强不息。"勉励大家效法天道，奋发图强，永远都不停止。天道的运行，象征刚健而永恒，人法天道，当然应该自强不息。

解释九五爻辞的《文言》说得更加具体："夫大人者，与天地合其德，与日月合其明，与四时合其序，与鬼神合其吉凶。先天而天弗违，后天而奉天时。天且弗违，而况于人乎，况于鬼神乎？"九五爻辞所说的"大人"所表现的言行，必须契合天地覆载的好生之德，洞察问题的能力应该和日月一样，管理的措施要配合春、夏、秋、冬的时序，实施的赏罚和福善祸恶也要相契合。人的所言所行，有的表现在天时之前，譬如台风季节来临以前，要预先做好各种防范措施，到了台风来袭时损失自然降低——好像人定胜天，天也不能违背这种未雨绸缪、事先防患的道理；有的言行表现在天时之后，譬如冬季家家户户生火或使用电热器取暖，就应该特别谨慎，严防火灾，便可以尽可能保障自己的安全。先天是天不违人，后天是人不违天，可见天定胜人和人定胜天，表面上看起来不相同，实际上是一样的——二者都应该遵循天地自然的道理。

这样看起来，只有"大人"才够资格人定胜天，因为"大人"对于天地之道不但了然于心，而且心存善念，敬天、顺天，表现出人定胜天的功力。

天不违背"大人"的言行，不是因为"大人"位高权大，而是因为"大人"明天理、法天地，一切顺天理而行事。天对"大人"如此"礼待"，一般的民众当然也会对其加以敬重，仿效"大人"的言行。

管理者如果明白这些道理，回头再来看"自天佑之，吉无不利"这一句话，就很容易理解管理之道必须以修身为起点的道理。

唯有修身，加强自己的道德修养，才能够先天而行，获得天的支持；后天而行，也得到天的协助，好像上天时时在保佑自己一样。

大易管理，看起来具有象、数、理、占四大功能，已如前述，但是真正的基础，仍然是管理者和被管理者道德修养的提升，所以《大学》说："自天子以至于庶人，一是皆以修身为本。"无论身份贵贱、地位高低，从事哪一种行业，担任哪一种职务，都要以修身为根本。

管理者的第13课

现代人受到西方的影响，经常强调对自己要有信心。一个人当然要具有信心，只是不能够盲目有信心，以免上天认为其不需要庇佑，因而将其从"协助名单"中删除。我们倡导对上天要有信心，得道者多助，我们只要行功立德，一定会获得上天的庇佑。这种坚强的信心，可以使管理者成功时感谢上天的公正，而不致骄傲；稍有缺失，便自己反省一定有什么做得不好的地方，而不是怨天尤人。

我们把管理和伦理结合在一起，发展出"德本才末"的观念。任何一个人，都要先把品德修养好，再来谈论其他。下属选择明主，是选上司的品德；上司选择良臣，同样以品德为优先考虑的项目。西方社会的能力本位，实际上十分危险，如果所用的人品德修养欠佳，那就需要特别警惕——这样的人能力越高就越危险。

"老天爷保佑好人"可以被当作一种精神寄托，虽然到目前为止，这一言论仍然无法获得科学的证明。现实社会中好人常常备受折磨、比恶人更加吃亏的现象，也令人怀疑上天是否真的公正。但是，如果连这一句话都不相信，那人活着还有什么依凭？皇天不负有心人，应该是人类最后的一线希望，不要使其断绝，应该让它成为大易管理最为坚强的信心之源。

第二章 管理的道理

"开关原理"是管理最根本的道理。

"把应该打开的门打开,把应该关闭的门封闭起来",只要开关得当,多问应该不应该,少问喜欢不喜欢,良好的风气很快就会形成。

善门难开,告诫管理者必须"慎始",因为门一旦开启,再想关上就十分困难。不应该开的"门",最好一开始便下定决心不予开启。

一之多元,是现代企业文化的基本精神。管理者必须认清:如果当地的社会相当一元化,大环境颇有共识,企业就不必强调企业文化。近年来社会日趋多元化,大环境乱七八糟,什么话都有人说,什么花样都可能出现,在这种情境当中,企业文化就变得十分重要。社会越是多元化,企业越需要一元化,形成共识成为管理的重要基础。

我们都知道,完全的一元化其实不太可能实现,因为社会风气不可能不影响企业内部的运作,所以一之多元化最合乎需求。

合起来是一(太极),分开来是多(两仪、四象、八卦、六十四卦);分中有合,而合中也有分。完全合一,未免过分专制,不易令成员心服;完全开放,势必使组织混乱不堪,导致贤明的人袖手旁观,而一知半解的人却自以为是而得理不饶人。最好的状态是一之多元:一方面包含个性化,另一方面则能够产生高度的一致性。一之多元,其实就是事情未定案之前,包容不同的见解,容许多元的发挥;一旦拍板定案,那就非如此执行不可——即使稍为专制,也应该接受。

大易将管理可能遭遇的情况归纳为六十四种。管理者可以依据象、数来判断自己所面临的究竟是哪一种情况,然后从卦辞中获得解决问题的若干启示,依理而行,趋吉避凶,做出合理决策。

管理不外乎一开一关

南宋蔡元定说:"天下之万声,出于一阖一辟,天下之万理,出于一动一静,天下之万数,出于一奇一偶,天下之万象,出于一方一圆,尽起于乾坤二画。"

管理现象错综复杂,好像是千头万绪,然而仔细分析起来,也不外乎一开一关。

要明白这个道理,必须先了解孟子所说的那一句话:"定于一。"

孟子说这句话,是梁襄王突然问他:"天下怎样才能够安定?"他十分肯定地回答:"定于统一。"("天下恶乎定?""定于一。")

统一什么呢?从历史得到的教训:统一领土不如统一民心,得人心者昌,这是千古不变的道理。管理者获得员工衷心的爱戴,自然群策群力,如一家人那样,产生"家人卦"的效果。

社会越是多元化,企业越需要一元化。如何形成组织内的共识,乃是当代管理者的首要任务。缺乏一致的共识,各搞各的,当然有组织而没有组织力了。

《系辞下传》说:"天下之动,贞夫一者也。""天下之动"告诉我们"宇宙万物之间的关系永远是变动的，不可能是静止的"，"贞夫一者也"却提醒我们"天下万物，固然变动不居，但是各以自然合理为正常，则是十分一致的"。

望远镜发明之后，英国天文学家赫歇尔（W.Herschel）用它来分析天上的星体，使得原本看起来十分安静的天体有了"在不断运动"的科学证据，使得"地球是静止的"这一认知，一下子就被无情地打破了。

我们知道，地面以465米/秒的速度在移动着，按时速来计算，每小时约1670千米，比高速公路上时速90千米的汽车快十几倍。看起来静止不动的地面都动得这么快速，其他事物可想而知。

人与人间的关系也在变动。两个人相处，不是越来越互相信任，便是越来越彼此猜疑。要想保持友谊，必须适当地互动，一旦静止，彼此就疏远了。

组织成员的共识，不是越来越趋于一致，便是越来越很难趋于一致，显得杂乱无章。许多人感叹有"无力感"，事实上就是缺乏共识所引起的一种不良后果。

管理者的第14课

领导中心不是愈来愈巩固，便是愈来愈松散。我们每过一段时间，就要测试一下组织的领导中心向哪一个方向移动。换句话说，阶段性的巩固领导中心不应该流为口号，而必须发挥具体的作用。不定期地调动干部，实施不一样的政策，或者举办内部或外部的竞赛，都应该以巩固领导中心为主旨。但是，形式化、表面化的动作必须避免。一旦有这种情况发生，管理者就应该把它当作严重的警讯，深入了解并力求改善。

大易的符号系统，即在表示宇宙万象不过是地球变易过程中的状态。阴阳变易告诉我们宇宙万变属于"变化一元论"。《系辞上传》说："刚柔相推而生变化。"相推就是阴阳两股力量由"动"而"变"，由"变"而"化"，借着"相反相成"和"相生相克"的作用，经由不断变化而生生不息。企业要想生生不息，必须不断变化；但是不断变化，需要遵守若干不易的准则。有变易也有不易，两者应该用心兼顾。

西方科学一直努力寻找变化的原理。原子学说首先假定"物质由许多极小而不可再分割的原子所组成"；20世纪30年代，才发现"原子由一个核心和外围空间所构成，核心是质子与中子，外围空间则是高速运转的电子"。1932年安德森（D.Anderson）指出"反电子"（负电子）的性质除了带电性与"电子"相反外，其他一模一样。1955年塞格雷（E.Segrè）等人成功制造出"反质子"。正电子和负电子、质子和反质子相遇，都会消失而变成高能量的光线。这些与大易所描述的"刚柔相推而变化"完全相同。

现在科学家已经证实，所有粒子都有反粒子存在，表示"有阴就有阳，有阳就有阴"。而正反粒子相遇，都会消失而变成光线的现象，是不是《易经》所说"贞夫一者也"的"一"在自然界象征"不易的光速现象"呢？

组织成员的互动，需要"不易的共识"，才能够在变动中定于"一"。这个"一"既不可以出自某人或少数人的权威，也不能够盲目抄袭任何外来或古老的规范。这个"一"必须经由前述"相反相成"和"相生相克"的作用而产生，才顺乎"刚柔相推"的变化之道。

天下间有正就有反，有阴便有阳。组织内有甲意见就会出现与之相反的乙意见，这是自然的现象。在这种情况下，如何达成共识呢？《易经》以"中"来统一阴阳的矛盾。《系辞上传》说："易简而天下之理得矣，天下之理得，而成位乎其中矣。"这句话的意思是，一个人如果明白乾坤平易简约的道理，就很容易了解天下的普遍法则；如果懂得天下的普遍法则，那就不难在天地之中确定人的地位了。严灵峰先生认为"易""简"代表两个正反合成的概念，不要把它看成一个笼统的"易简"概念。"中"代表"天下的至理"，不要把它看作"取其上下之中"的含义。"中"即中道，它虽然是常道，却不是固定不变的，因为"中"是相对于阴阳的变动，而阴阳的变动是永不止息的，所以"中"也是动态的，时上时下，时刚时柔，与它所处的"时""位"具有密切的关系。《中庸》说："致中和，天地位焉，万物育焉。"我们的喜怒哀乐等情感在还没有被激发的时候，心是平静的，无所偏倚，便是"中"的状态。一旦情绪表现出来，若是合乎节度、相当合理，没有过分与不及，就叫作"和"。把中和的道理推而极之，达到圆满的境地，天地一切都会各安其所，而万物也就各遂其生了。这种情况，才是"中"的大用。

"中"就是今天常说的"合理化"，一切求合理便是中。由于合理不合理常因时、空的变化而变易，所以中国人处事往往变来变去，看起来不遵守制度，给人一种"很难讲"的感觉。"合理"既然是相对于阴阳的变动，就没有固定的是非，中国人"持经达变"的观念，应该列入必要的"共识"之一。

古希腊哲学家赫拉克利特早就指出：宇宙间没有绝对的恒定，也没有相对的恒定，一切恒定都是虚幻的，唯有变化才是真实的。可惜他的变动观点，引申出"事物本质上都有矛盾，相排斥的事物结合在一起，才能形成最完美的和谐"，进而衍生出"以斗争为获得正义的法则"这一理论。

这种"斗争"理论影响了西方的管理理念，其所导致的劳资斗争使得企业的生产力和竞争力都会逐渐下降。

管理者的第15课

管理者心中有斗争的观念，就会影响组织整体的和谐；竞争而非斗争，这就好一些，但是不如以"不争"来取代"竞争"。不争之争，是我国先贤的高明智慧。用不争来争（以让代争），站在不争的立场来争，才不致为争而争，争得毫无道理也要争。在组织内培养大家礼让优先于竞争的心态，形成对内礼让、对外竞争的文化，才能真正提高组织的竞争力。

大易的哲学，提示我们"事物本质上固然有矛盾，但可以用中（合理）把它们统一起来"。大易所揭示的道理，正是组织形成共识最有效的依据。大家共同依循《易经》的道理，彼此求合理，自然很快就能产生共识。

"天下之动，贞夫一者也"是"定于一"的原理。"贞夫一"的意思是一切的事物尽管变动不居，却都以自然合理为正常。"一阖一辟"才是"定于一"的具体方法。

我们多半不太相信被宣布出来的规定，因为长久以来，"凡听话的常常倒霉"，已经使大家对公开宣布的规定丧失信心。

其实，这种分析仍旧是表面的。一般人相信这种分析，以为只要宣示者言而有信、令出必行就能改变有些中国人的习惯，结果必然行不通。

不管哪个宣示者，为了追求"合理"，都必须"随时调整以求制宜"，以致宣示者自己认为自己言而有信、令出必行，只不过为了随机应变而略有变更；而身受者却批评宣示者言而无信、自打嘴巴。

我有一次到某海滨饭店做企业内训，中午12点讲课完毕，听者鼓掌如仪之后，主持先生接着宣布："原定12点10分用餐，由于饭店忽然多来了两个团体，以致准备不及，延至12点30分在地下餐厅吃午餐，请大家准时前往。"

听众有的听，有的根本不听，也有的听了不当一回事。我发现有三五位听众在仔细看表、衡量时间，就知道他们不但用心听了主持先生宣布的内容，而且真的把它当作一回事。这几个人商量了一下，决定一起利用这一段时间到海边去走一走。

大多数人好像没有听见宣布的事项，仍旧洗手、抽烟，向餐厅移动，各自找好座位，围着饭桌聊天。大约12点15分，菜端上来了，饭也已经上桌，大家便自动自发地吃起来。

那些注意听宣布、又认真把握时间到海边走走的朋友，准时于12点30分返抵餐厅，看见很多人正在大吃大喝，有的人还在起身添饭，当然相当愤怒，便大声责问承办人员："不是宣布12点30分用餐吗？怎么提前了？"

承办人员说："不是我们提前，是餐厅好意，先把菜端给我们。大家一看见菜端上来，知道冷了就不好吃，所以就开吃了。"

大家发出一阵笑声，那些准时到达的人明白再闹下去，连剩菜都没得吃，只好自认倒霉，赶快找一个地方坐下来，解决肚子问题。

承办人员没有错，他所宣布的是事实。但是餐厅的好意，使得他不得不顺从大家的意愿，提前用餐。难道承办人员可以规定大家呆坐在那里，坚持要准时于12点30分才开饭吗？

我们深知"宣布的事项常常会因实际情况的改变而变更"的事实，所以许多地方喜欢用"不明言"的方式，来收到"一开一关"的效果。

例如，甲礼堂左、右及后方一共有六个进出口，主办单位希望出席人员一律由后方的两个进出口出入，如果采用宣布的方式，保证效果不佳，因为总有一些人不按照规定，会由左右进出口出入，就算加以制止，也会闹得很不愉快，甚至会招致抗议："门开着，为什么不让我们出入？"

对于有些中国人而言，最有效的方式莫过于不明言地叫人把左右两边的进出口关闭。大家看在眼里，心里有数，散会时自然一致地由后面的进出口走出去。这时有人向左右两边走去，还会惹人笑话："情报不灵，居然不知道两边的门已经关闭了！"

所谓风气，其实就是"把应该打开的门打开来，把应该关闭的门关起来"。这一开一关之间，便形成良好或恶劣的风气。有人因辞职而升官，表示"辞职是为了做更大的官"这一扇门已经被打开了，于是"做不好就辞职"的呼声很快就传布开来。

管理者最好谨记"善门难开"的教训，特别是中国人，只要门出现一个小缝，人们就会想办法把它弄开。孔子所以痛责"始作俑者",老子所以倡导"不敢为天下先",便是告诉有权力的人,不可以任意开门或关门,应该慎重评估开或关的后果,然后审慎抉择,才算是把握了"一开一关"的真谛。

管理者的第16课

上有政策,下有对策,有两种可能的结果:一种是有了对策之后,使政策更加有效落实,当然是好的;另一种则是有了对策之后,政策变成形式而难以落实,甚至成为私人图利的工具,那就不好了。管理者不应该完全排斥上有政策下有对策,应该鼓励大家依据实际情况拿出合理有效的对策,使政策确实收到预期的效果。大家看不看布告,听不听宣告,有时候想管也管不了,不如悉听尊便,只要想办法依正当途径来完成任务,那就很好,也非常重要。

凡事注意"慎始",不可掉以轻心。凡事一开始就制止,比较容易;门打开了,再要把它关起来,就十分困难。一次、两次放过他,待养成习惯之后,再来改变他,真是谈何容易!

方东美先生用图3-1(a)来表示太极的原始意象,其中含有 -- (开)和 — (关)两种可能。管理者未决定之前,如图3-1(a)所示。决策之后,便是开(--)与关(—),如图3-1(b)、图3-1(c)所示。

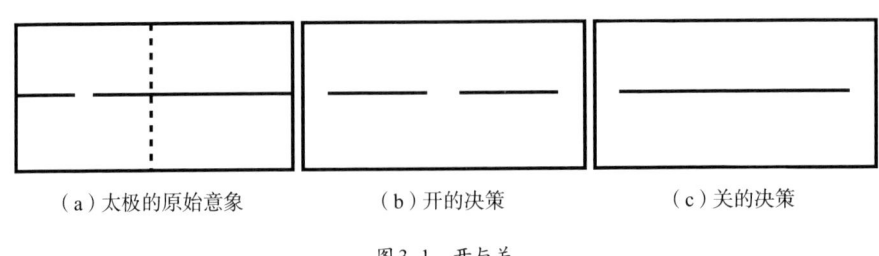

(a)太极的原始意象　　　(b)开的决策　　　(c)关的决策

图3-1 开与关

究竟是"一下子全部打开",还是"逐步打开"?到底是"一下子全部封闭",还是"逐步封闭"?这是管理的大奥妙,必须因时、因地、因人、因事而有所不同,但是万变不离其宗,我们需要找到管理的根本道理,依照根本道理来持经达变,以求合理。

就人生而言,现代人只要及时把自己好的DNA打开(on),把坏的DNA关闭(off),那就万事顺遂,自然能趋吉避凶了。

从组织来看,风气犹如相邻的两扇门:只要打开合适的那一扇,关闭不合适的另外一扇,组织气候也就良好了。

一开一关,看起来简单明了,却能够确实地掌握事情的关键,快速而有效地实现预期的目标。

大易倡导一之多元论

我们时常听说:"太极是唯一而无对峙的,易学属于一元论哲学。"这只是一种"方便说",为了方便起见才如此解说。

严格说起来,易学既不是"一元论",也不是"多元论",它是"一中涵多,多中有一"的"一之多元论"——属于"一元论",却具有"多元论"的内涵。

中国管理哲学既然源自《易经》,当然也是一之多元论:把"一"和"多"微妙地"统合"起来。

八卦生于太极。但到底什么叫作"太极",历来众说纷纭,莫衷一是。其实,太极是一种"道",一种"阴阳错综之道"。

"错"是"交互","综"则是"综和"。前者是"两卦各爻的阴阳彼此相对",后者为"两卦各爻的顺序彼此相反"。例如:屯卦(䷂)倒过来,便成蒙卦(䷃);师卦(䷆)的综卦是比卦(䷇),综卦也叫作"反卦"或"覆卦"。五十六个综卦如图3-2所示。

图 3-2　五十六个综卦

八卦之中，乾、坤、坎、离四卦，倒反过来，仍为乾、坤、坎、离，所以称为四正卦，如图 3-3 所示。

其余震、艮、巽、兑四卦，倒反过来，震（☳）变为艮（☶）、巽（☴）变为兑（☱），称为四隅卦，如图 3-4 所示。

四正卦两两相错，四隅卦两两相综。

图 3-3　四正卦　　　　图 3-4　四隅卦

六十四卦之中，除乾、坤、坎、离、颐、大过、中孚、小过这八个重卦两两相错外，其余五十六个重卦都可以相综。

从错卦看，世界上有刚必有柔，有阴必有阳，有起必有落。太极是一元，分而为正反相对的阴阳，称为两仪。由一生正反，但正反又各为一。因为正既可以再生正反，反也可以再生正反，所以正为一，反也为一。正反终归于合，各个合又进而成为较高的正反，正反再归于较高的合，最后合为太极，仍然是一。

由综卦看，世间盛衰兴亡得失，实际上都互相倚伏、彼此推荡。所谓否极泰来，即为否（☷☰）泰（☰☷）相综；损尽益至，也就是损（☶☱）益（☳☴）相综；丰大必旅，正是丰（☳☲）旅（☲☶）相综；晋极必伤，乃是晋（☲☷）与明夷（☷☲）相综的道理。

研究易学的人，因为孔子在《系辞上传》中提及"易有太极"，于是费尽苦心，想要弄明白"太极"究竟是什么。但是太极混沌，不可名状，不得已画出一个圆形，内含弧线，表示阴阳两气在宇宙之间流转运行。陈炳元先生指出圆形内的弧线，不用对半分而以弧线分，既表示运转，又表示阳中有阴、阴中有阳。黑白两点，既表示动力，动极则静，静极则动，又表示彼此制衡，如图3-5所示。

图3-5 太极

我们中国人的组织，最重视"建立共识"，希望大家步调一致，接受一元化的正确领导。但是，我们的组织也必然有"混沌不清的派系"，彼此冲突、制衡。

有共识，却不能避免派系；有派系，却不愿意公开承认，便是典型"一之多元论"管理哲学运作的体现。

西方人将权力冲突、价值冲突、意见冲突，甚至人与人间的冲突，都当作一种正常的现象。我们中国人大多以和谐为主要诉求，在"安"的意识下，不希望冲突事件屡次发生。我们都知道矛盾是存在的，冲突也是难免的，但是能把它化掉，大事化小，小事化了，才是真正的管理功夫。

有人批评：中国人为了追求表面的和谐，常常弄得是非不明、善恶不分。其实，这种想法并不正确。和谐可以是表面的，也可以是实质的，中国人当然不可能追求表面的和谐，而只是有些人功夫不到家，求不到实质的和谐，不得已才安于表面的和谐。暂时的安，终究会不安；但如果能合理因应，暂时的安也可以变成长久的安。

和谐有赖于共识，所以派系斗争不能公开化，更不能将它正常化。中国人的派系具有"隐而不现"的特质，台面下的动作大于台面上的表现。所有派系斗争都只能在暗地里进行，最好不要打破共识的假象，否则就会带来很大的不安。派系一旦透明化，搬到台面上，便会壁垒分明而产生分裂的危机。

中国人的派系，阴中有阳，阳中有阴，不可能分得清楚。我们很难明确地指出到底谁是主流派，哪些人又是非主流派，因为我们的派系，乃是经由一群人通过彼此之间的私人关系，把不特定的成员组合而成的。派系的主要力量来自关系，形成似有似无的人脉。

我们心里明白：共识是必要的，用来保证团体的生存和发展。然而，关系对个人的安全与升迁来说也是十分必要的，以免在共识的大圈圈之内，落入少数派的困境。某些人加入派系的主要动机，说起来很简单：依附权势才能够获得安全，也才有快速升迁的机会。

有权有势的人，不敢明目张胆地自己树立派系。每一个有权有势的人，都表示自己厌恶班底，不搞小圈圈。但是，有权有势的人，每过一段时期就会提出一些主张，来测试自己的权势是否依然壮大。若是一呼百应，响应十分热烈，表明自己的权势固若金汤；如果言者谆谆，听者藐藐，那就是权小势弱的象征。

在企业之中，总经理等管理者属"天"，基层工作人员属"地"。天地定位之后，干部就会逐渐建立个人关系，形成"口头绝对不承认，心里必定相当介意"的派系，再依附在某个总经理级的领导者门下。某些人对派系的关系，大多是"依附"而不是"归属"。所依附的领导者如果不能满足大家的要求，很多人就会弃他而去，改变依附的对象，投入其他派系。

派系成员也相当不稳定。除了他自己以外，我们几乎很难断言他究竟是属于哪一派系的。

不愿意公开结成派系，也不敢轻视派系的力量，成为领导者最大的矛盾。若是公开结成派系，彼此无所顾忌，就会不择手段地"互相残杀"，使得整个组织陷入一片混乱。如果轻视派系的力量，就会发现自己孤立无援，可能一夜之间就被敌对的派系"除掉"。

一之多元论正是化解这种矛盾的最佳法宝。共识的建立，必须以公正为基础，不能含有任何私心或偏见。

管理者的第17课

职位越高，越要心胸广阔，肚量宽广。有没有派系，是其他人的事，自己的心中至少不应该有派系的观念，做到"有班底而没有派系"的地步，同时还要进一步提醒自己身边的重要干部，使他们也做到有班底而没有派系。有些职位不高的成员，不敢也不方便明目张胆地说什么班底，所以时常被视为派系而难以说明，身居高位的管理者应该给予相当程度的谅解。只要没有私心，不图非分的私利，又能够配合上级的政策，努力把工作做好，那他有没有派系，不妨暗中考察，慎加提防，却不必看得过分严重。

共识是一元，即太极；动而生多元，即阴阳。领导者公正，就不用担心派系，也不必刻意去培植派系或禁止派系的运作。对于派系的存在，领导者不能公开承认，也不能完全漠视。让组织成员自然流转于组织内各派系之间，只要善加利用，必能坐收阴阳相错、彼此相综的益处，达成彼此制衡而又巩固共识的目的。

即便有派系斗争，也绝对不能公开承认；彼此恨之入骨，也要紧握对方的双手，声称这是外界的误解。前者是正常的，后者则是变态的。不能公开承认，不是"欺骗"，而是"包容"，根本不认为这就是派系斗争，共识之下，即使彼此有意见，只要大家好好商量，有什么不好解决的？领导者心目中无派系斗争，下属自然就不容易斗得惨烈；领导者若是认定有派系斗争，势必导致下属激烈残杀。恨之入骨的人，还要彼此紧握双手，实在太可怜。

若想达成一之多元化的管理境界，最好深入探讨天、人、地三才的真义，做到"君君臣臣"，也就是"高阶像高阶、中坚像中坚，基层像基层"。否则"君不君、臣不臣"，高阶不像高阶、中坚不像中坚，而基层也不像基层，多而不能合一，会使组织陷入混乱的困境，偏离大易管理的大道。

一之多元论在中国管理中的应用十分广泛，无论是领导、沟通或激励，还是决策、计划、执行与考核，都会受到相当程度的影响。

管理有六十四种情况

《易经》总共有六十四卦，代表管理可能遭遇的六十四种情况。我们只要能够判断出自己所面临的究竟是哪一种情况，便可以从卦辞中获得解决问题的若干启示，因而趋吉避凶，提升管理的效果。

卦在未系文辞之前，原本用来表明易象，是一种符号。《易经》六十四个重卦，可以看成阴（--）、阳（—）两种符号重叠六次所组成的一套符号系统。

系上文辞之后，卦的功能有如《周易乾凿度》所说："卦者挂也，挂万物视而见之。"卦就是悬挂万物、使人一目了然的意思。卦的六爻，不但表示阴、阳的"性质"，而且明示了"时""位"的变化，兹说明如下。

由于"易气由下生"，所以每一卦的六爻由下而上分别称为"初、二、三、四、五、上"，如图3-6所示。

如果拿"时"做标准，六爻就是"初、二、三、四、五、末"，如图3-7所示。

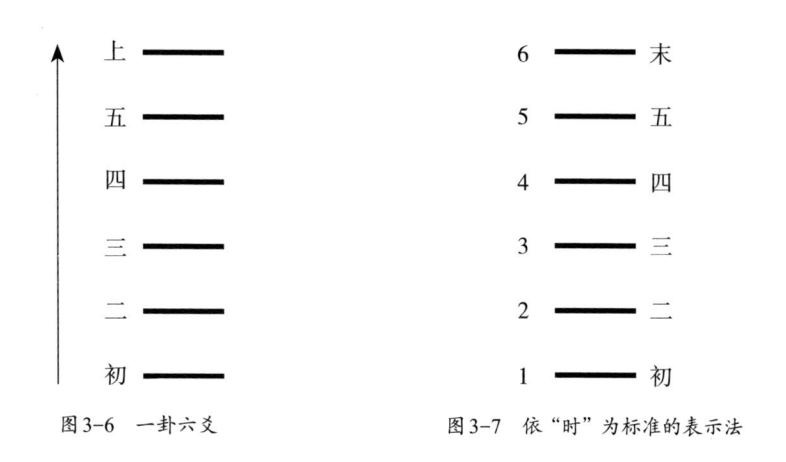

```
↑    上  ━━━━━          6  ━━━━━  末

     五  ━━━━━          5  ━━━━━  五

     四  ━━━━━          4  ━━━━━  四

     三  ━━━━━          3  ━━━━━  三

     二  ━━━━━          2  ━━━━━  二

     初  ━━━━━          1  ━━━━━  初
```

图 3-6　一卦六爻　　　　　　　图 3-7　依"时"为标准的表示法

若是以"位"为考量，似乎是"下、二、三、四、五、上"为宜，如图 3-8 所示。

当中的"二、三、四、五"，无论就"时"还是就"位"来看，都很一致，只有"初、末"（时）与"下、上"（位）各有不同。《易经》巧妙地采用"初、二、三、四、五、上"，合"时""位"于一体。换句话说，"初、二、三、四、五、上"既表示"时"的变换，又表示"位"的变移，如图 3-9 所示。

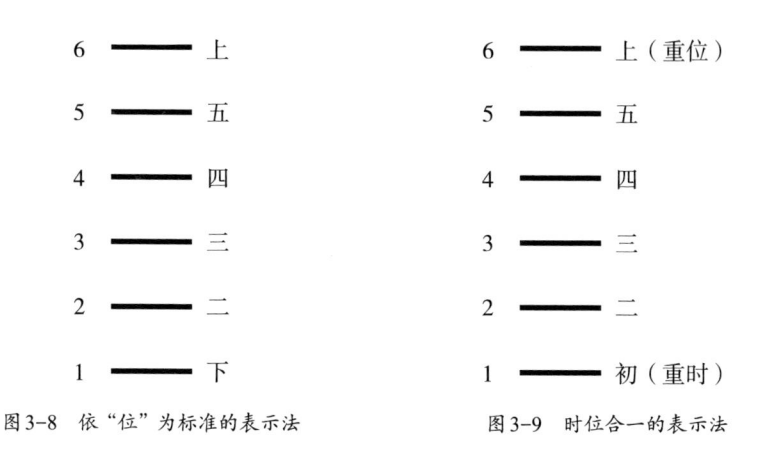

```
6  ━━━━━  上            6  ━━━━━  上（重位）

5  ━━━━━  五            5  ━━━━━  五

4  ━━━━━  四            4  ━━━━━  四

3  ━━━━━  三            3  ━━━━━  三

2  ━━━━━  二            2  ━━━━━  二

1  ━━━━━  下            1  ━━━━━  初（重时）
```

图 3-8　依"位"为标准的表示法　　图 3-9　时位合一的表示法

至于"性质"，正向动态的阳爻用"连续线"（—）来表示；反向静态的阴爻则以"中断线"（--）来代表。阳爻用"九"、阴爻用"六"为代表数字。图 3-10

中的"乾""坤"两卦，分别标示为"初九、九二、九三、九四、九五、上九"及"初六、六二、六三、六四、六五、上六"。

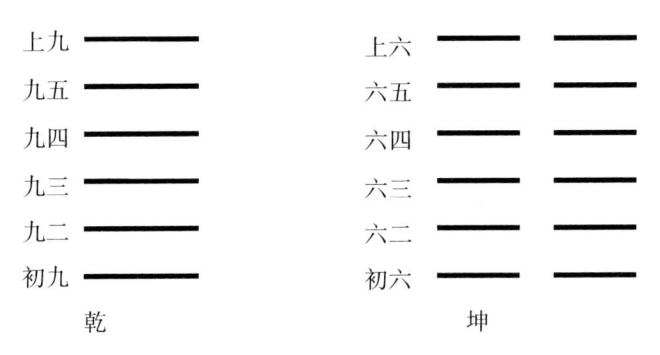

图3-10 乾坤各爻表示法

很明显，"九"或"六"表明爻的性质是属于阳性还是属于阴性。"初、二、三、四、五、上"表明爻的"时"和"位"。用两个数字（九、六和初、二、三、四、五、上）表示三种东西（性质、时、位），实在十分高明。

"初九"表示这一爻属于阳性，在时间上是变化之初，在位置上则是六爻的最初阶段。"六二"表示这一爻属于阴性，在时间上是变化的第二期，在位置上则为六爻的第二阶段。以此类推，只要读出两个代表数字，便可以画出所表示的爻，并且知道它的性质和时位。

当然，"时"不是单纯指"时间"，"位"也不是单纯指"位置"，以后进一步分析时，再来说明。

我们需要注意的是，为什么"时"用"初"不用"末"？为什么"位"用"上"不用"下"？我们只见"初九""初六"，不见"末九""末六"；只见"上九""上六"，不见"下九""下六"，这是什么道理呢？

就管理来说，初时比末时重要，而上位又比下位要紧，所以用初不用末，用上不用下。任何一家公司，开张的"时"都非常重要，择吉期开张，不但能得好彩头，而且得时之利，一开始就切合市场的需要，人员士气势必大为奋发。如果不得其时，开张之初就遭遇不景气，恐怕人员留不住，公司本身也保不住。反过来说，公司什么时候倒闭通常并不重要，除非老板恶意潜逃，否则看时机倒闭，实在没有什么意义。

公司开设之后，"时"的因素愈来愈不重要。因为设立之后，时势有利，固然要持续发展；即使时势不利，也应该全力以赴，求其长久生存下去。这时候"位"的因素越来越重要，"位"可以视同"市场占有率"，对于公司的发展有重大的影响。

就个人而言，刚刚出生的时候，"时"最重要，所以中国人十分注意生辰八字。去世的时候，何"时"并不要紧，死得其所反而更加重要：居什么"地位"？死于什么"位置"（场合）？远比去世的"时"来得要紧。

任何一件事，决定施行的"时"，以及结果或告一段落时的"位"，都很重要，所以易卦第一爻用"初"，表示重点在"时"，而第六爻用"上"，表示重点在"位"。"初、二、三、四、五、上"明确表明六爻都兼有时位的因素，不过初爻特重时、上爻特重位而已。

物有本末，事有终始，一切管理活动都有始动之初，所以第一爻不称为一（恐怕和太极或阳的符号相混淆），也不称为下（以免引发刚开始就要争位置的失误），而称为初。重卦六爻，初、二、三构成内卦，四、五、上构成外卦。外卦称为"往"，内卦叫作"来"。初就是来的开始，凡说"初"必求取来处。

人员初来乍到，我们对他并不熟悉，通常会先看看他的来处，以便获得若干初步的了解。任何事情刚开始的时候都并不清楚，需要查明它的缘由或依据，从而作出判断。中国人每听到一句话，总喜欢追问："是谁说的？"这便是求其来处，借以研判真伪与可信度。

外卦为"往"，第六爻为往之极，所以称"上"。上爻明示至极处，物极必反，又会产生新的情况，因此称上不称末。

六十四卦之中，除了乾、坤、坎、离、震、巽、艮、兑这八个卦，其内卦（下卦）与外卦（上卦）相同外，其余五十六个卦，内外卦都不相同。如泰卦，乾内坤外，或者称为乾下坤上，是由乾和坤两个内外卦所组成的。

太极是问题的起点。管理所遭遇的问题，如果刚刚发生，当然应该马上加以适当的处置，以免事态扩大或恶化。一件事情若是不做阴阳相对的推演，仅凭片面的假定便断然处置，往往失之鲁莽，招致"阴沟里翻船"；不如抱持"简单事要复杂化"的态度，由太极而两仪（合中有分），再由两仪而太极（分中有合），采用"找到原点—分析—再返回原点"的做法，应该是比较周全而保险的。

事情已经扩大或恶化，一下子不容易找到原点，这时候不妨先把它归类定位，看看它属于哪一门、哪一类的问题。一般说来，我们很容易把所有问题都纳入管理的范围，因而摸不着头脑。此时可以把四象（四个象限）画出来，确认其为"管理""组织""设备"（硬件）、"理念"（软件）之中的哪一类问题，如图3-11所示。

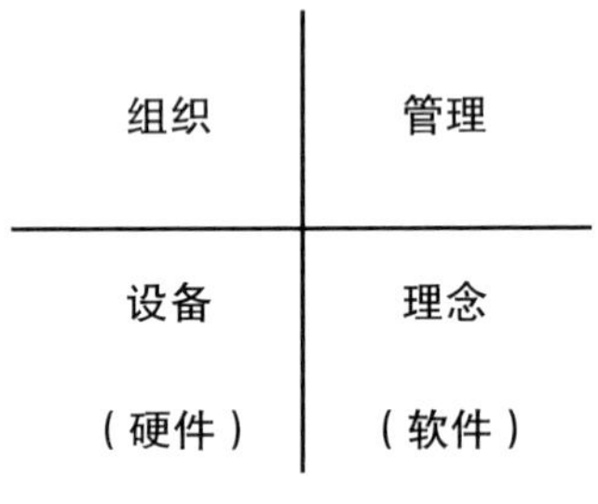

组织	管理
设备（硬件）	理念（软件）

图3-11 四类问题

有些事情牵涉到组织，只要组织不能改变，管理永远有问题。有些情况系于领导者的理念，只要理念不更改，问题就会长久存在。

四象固然可以划分为四大象限，不过范围依然太大，无法确实定位具体问题。

一切问题，仅把它界定为"老阴""老阳""少阴""少阳"，未免太过含混而无济于事。四象化为乾、坤、艮、兑、震、巽、坎、离八卦，等于把四个象限分割为八个空间，此时问题的定位可稍为明确一些，却仍旧不够精确。八卦再分成十六卦、十六卦再划分为三十二卦，问题的定位就会愈来愈精确。

易卦积三为一小单位，组成八个基本卦。重三为一大单位，组合成六十四个重卦。相传周文王作卦辞，周公作爻辞，用意如下。

（1）宇宙万象万事，简单来看，可以看得非常简单；复杂来看，也可以看得非常复杂。从太极生两仪，到四象生八卦，固然是逐步复杂化，却不能满足解决问题的需要。八卦相重，成为六十四卦之后，如果继续发展下去，演出一百二十八卦，甚至二百五十六卦，则可能会过分复杂，反而影响思考。

（2）周文王凭借自己的智慧和历练，分别为六十四卦作卦辞，发觉六十四卦代表宇宙万象万事的六十四种不同情况，似乎万事都可涵盖而没有不足的感觉。所以八卦的推演，就以六十四卦为度；每卦六爻，六十四卦总共三百八十四爻，用来分析定位问题，应该是够用了。

（3）当我们发觉自己所面对的问题属于某一卦时，我们可以查阅这一卦的卦辞和爻辞，从中获得若干启示，作为我们思考和解决问题的参考。例如，我们希望了解管理的根本道理，因而查阅"家人"卦，首先看见卦辞："家人：利女贞。"意思是说："家道的兴衰，主要系于主妇治家是否严正。"家人卦的卦辞，不提利君子贞或利丈夫贞，却指出利女贞，是特别提醒我们应该重视女子的地位及责任。对家庭管理而言，主妇的责任重大；对公司管理来说，内部的严正才是对外有良好形象的基础。管理必须从内而外，才会表现出真正良好的形象，不能伪装做假，欺骗外面的客户或社会大众。然后再看彖辞："家人，女正位乎内，男正位乎外，男女正，天地之大义也。家人有严君焉，父母之谓也。父父、子子、兄兄、弟弟、夫夫、妇妇，而家道正，正家而天下定矣。"管理能够做到主管下属亲如家人，而又主管像主管、下属像下属，各自扮演好各自的角色，自然一切走上正轨。

或许有人认为：管理所遇到的问题远不止六十四种。实际上，每卦的六爻都可看作一种变数，爻变则卦变，所以本卦和变卦之间的变化，也可以当作决策的准绳。六十四卦或三百八十四爻表示不同的时间和位置，希望管理者明辨时位和性质，做出合理的决定。

及时调整 求合理应变

《系辞上传》说："易无思也，无为也，寂然不动，感而遂通天下之故。"指的是不易的易，无思无为、寂然不动，却能够随着变动不居的天下万物而适其所变。

管理者不可以只看到变易的易，却忽略了不变的易，否则只掌握大易的变易部分，失去了大易的不易部分，变来变去，往往会成为乱变。创新求变，百分之八十不可能成功，就是这个道理。

唐华先生说："这个不易的易，才是不易的原理。这个原理可以用在任何一方面。不论是理论的还是科技的，都用得着，而且一定要用，不用不行。因为没有它，那形而上的道做什么都做不成。"他以"空气"做譬喻，指出万物都需要空气，没有空气是不行的。

我们根据看不见、摸不着的形而上的道，制造出各种适用的成品来供应各方面的需要，那就是看得见、摸得着的形而下的器。道是不易的易，而器是变易的易，如图3-12所示。

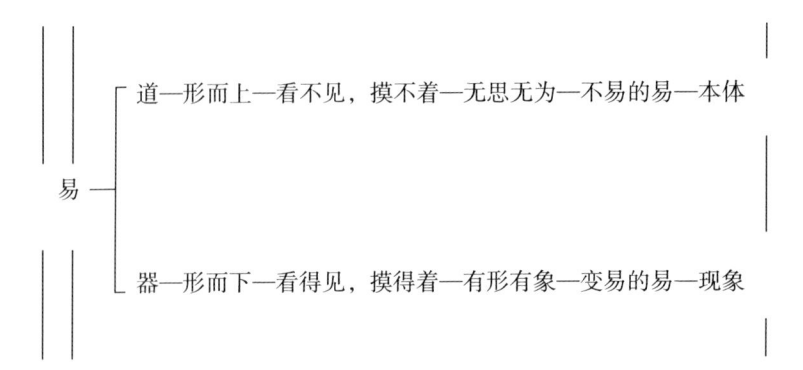

```
       ┌─ 道—形而上—看不见，摸不着—无思无为—不易的易—本体
   易 ─┤
       └─ 器—形而下—看得见，摸得着—有形有象—变易的易—现象
```

图 3-12　易的体与用

这个不易的易，人人都在用，但是不一定明白其中的道理。《系辞上传》说："仁者见之谓之仁，知者见之谓之知。"我们常常在用，却日用而不知，好像易道根本不存在。当年伏羲氏没有画太极图，孔子在《系辞》中也只提及太极，并没有说什么太极图，因为太极原本虚无，不容易画成图像。太极和阴阳是一而非二，可以说阴阳就是太极，而太极生出阴阳，同时也为阴阳所合成。

太极与阴阳，既是相对，又是一体。有如一对男女，未结婚之前，是一男一女，相对；结婚之后成为夫妇，便合为一体。

唐华先生认为，先天八卦是由太极发展来的，如图3-13所示。

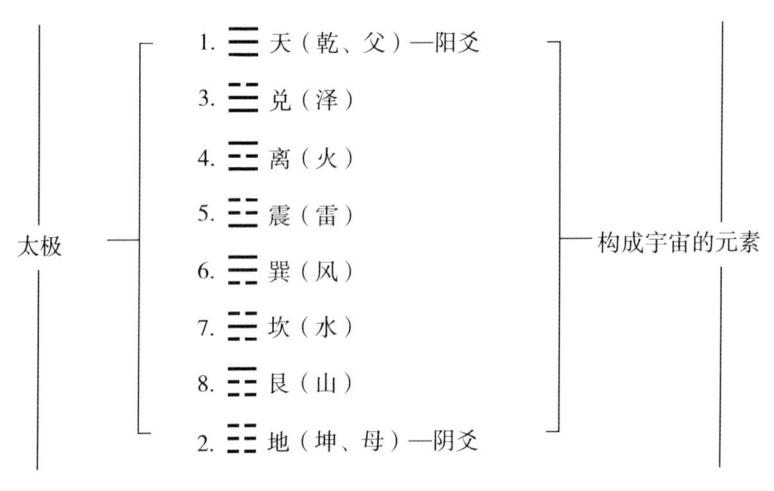

```
        ┌─ 1. ☰ 天（乾、父）—阳爻 ─┐
        ├─ 3. ☱ 兑（泽）            │
        ├─ 4. ☲ 离（火）            │
        ├─ 5. ☳ 震（雷）            │
  太极 ─┤                            ├─ 构成宇宙的元素
        ├─ 6. ☴ 巽（风）            │
        ├─ 7. ☵ 坎（水）            │
        ├─ 8. ☶ 艮（山）            │
        └─ 2. ☷ 地（坤、母）—阴爻 ─┘
```

图 3-13　太极展开先天八卦

以天地为父母，然后有水和火。天是一种自强不息的动能，而大地有了水，就不致成为沙漠，才可以使万物诞生、成长；有了阳光，世界才不会一片死寂，才能呈现出有生气、有力量的模样。

于是出现震☰，作为雷电的代表，震上震下，震左震右，震动整个大地，震动整个宇宙，这才生出名山大川。山以艮☰为代表，有山有水，自然生出风☰来。风吹大地，有生命的种子经风的传布，化生各地，使大家心生喜悦，用兑☰来表示。

管理需要计划，而所有的计划基本上都由"一"而产生。天下之动，贞夫一者也。贞就是一，一也就是贞。贞便是真，而一才是全真。管理者做计划，必须思虑周全，想到各种可能产生的变数，也就是变易的易。这时候最好澄心反照，回归"一"的不易本体。现代常说的归零，或回归基本面（back to basic），便是提醒管理者，必须兼顾不易的易。

计划做好以后，仍然可能产生新的变数，必须经常加以调整，才能够顺利执行。

《系辞下传》说："天下何思何虑？天下同归而殊途，一致而百虑。天下何思何虑？"意思是天下的事情，何必思虑？万事万物都将通过各种不同的道路，自然地走向同一个归宿；各种不同的思虑也会自然地趋向一致，想了还不是白想？那该怎么办？要重行，从实践中找出计划的偏差并及时加以修正，才能获得预期的效果。

事情的变化，看起来千头万绪，好像杂乱无章，其实这是重术不重道，只偏重于变化、不能掌握不变的规律所产生的恶果。

变化的背后都有一定的规律，那就是道。管理者研究大易管理，就是要抓住不易的道来因应变易的易。这种以不变应万变的管理智慧，才是我们应该深入了解的道理。

管理者的第 18 课

　　管理者最好心里明白，有问题才是正常的，没有问题反而要提高警惕，所有的范本、标准，都会遭遇实际情况的挑战。何况人有惰性，不可能天天保持警觉而又能够持之以恒。随着时间的流动，管理者必须做好阶段性的调整，才能够将可能或已经出现的变数纳入管理范围。例外事件出现的次数较多，便是规定不合时宜的征兆，管理者应该及时提出问题，让干部分头寻找可行的解决方案，再商讨找出合理的解决方法。

　　有计划，还需要及时应变，而所有应变又必须合理，这是大易管理的不易之道，最好依照《系辞下传》所说的，不能拘泥、执着于某一定规，而应该采取合适的方式不断调整。

　　凡事一开始就十分慎重，称为慎始。开始以后，一直保持高度警戒，有任何风吹草动，都应该及时做出合理的调整。我们把管理称为"抓住差异性"，目的在唤醒管理者适时应变的意识，以求"管得合理"。

第四章

三才的配合

管理必须分工，分工乃是"必要的罪恶"。分工如果不能达成合作的目的，就会只见坏处，不见好处。分工要求合作，从这个角度来看，管理即配合，各方面配合得当，管理的效果自然良好。

就组织而言，如果采用二分法，将组织成员一分为二，划分成管理层与员工，一方面代表资方，一方面则代表劳方，这样就很容易引起劳资对立，产生很多不必要的争执。这种二分法的组织，上下之间难以配合，所产生的后遗症很多。

我们依据大易天、人、地三才的方式，采取三分法，把组织分成"高阶""中坚""基层"三个阶层，各自扮演不同的角色，站在不同的立场来配合，以求趋吉避凶、圆满完成任务。换句话说，不管组织实际上有多少阶层，我们都可以将其划分为三个阶层。除最高和最低阶层之外，其余各阶都可合并称为中坚。

组织的三个阶层，其角色如何定位？大易的三才之道可供参考。一卦由三爻构成，分别称为下爻、中爻和上爻，依据"地在下、人居中、天在上"的规则划分：下爻代表地，中爻代表人，上爻用来代表天，便构成"天、人、地"三爻。这三爻各有其特殊的才能，所以称为三才，包括天有天道、人有人道、地有地道。各有其道，也就是各有不一样的才能。高阶依天道，中坚依人道，基层依地道。事实上，中国人多能循此途径，可惜行而不知，多数知其然而不知其所以然，以致有时偏离而不自觉，甚至说的和做的并不一致，形成表里不一、言行相违的无奈。

高阶有所不为而用天下，贵在知人善任，而非事必躬亲；中坚有所为有所不为而治天下，必须持经达变、有原则地应变，而非听话就好、依法便行；基层有所为而为天下用，应该知法守法，一切遵照规定，不可擅自做主。

三才之道，必须配合树状精神，才能确实有效。所谓树状精神，就是将组织颠倒过来，变成一棵树的模样。于是高阶像树根那样，支持中坚干部，放手让他们去发挥；干部信任下属，像树干支持枝叶那般，使基层员工得以自动自发，积极自在地表现。

"上侵下职",居上位的人把下属的工作抢去做,是现代管理最容易产生的弊病,严重违反树状的组织精神。不信任下属、不放心干部,只好事必躬亲,结果累坏了自己,也压得干部个个无法施展才华,埋没了人才,浪费了人力,也耗费了时间和金钱!管理者最好谨慎、合理地调整自己的领导方式,以免增加成本却浑然不知防患。

三才代表组织的三个阶层

八卦称为"原卦",两两相重,组合成六十四个"成卦"。每一个原卦,都由三爻所组成,这三爻象征"天""地""人"的位置,如图4-1所示。大易把象征天、地、人的三爻称为三才,天在上、地在下、人在中间,各有其适当的位置。

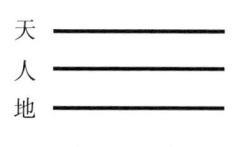

天 ━━━━━
人 ━━━━━
地 ━━━━━

图4-1 三爻

但是,易理是相对的。天有昼夜、人有男女、地有水陆,所以卦爻也需要两两成对,合两个三爻的原卦组成一个六爻的成卦。《系辞下传》说:"易之为书也,广大悉备。有天道焉,有人道焉,有地道焉。兼三才而两之,故六。六者,非它也,三才之道也。"六爻卦兼两爻为一位,五与上为天位,三与四为人位,初与二为地位，正好配合三才之道，如图4-2所示。

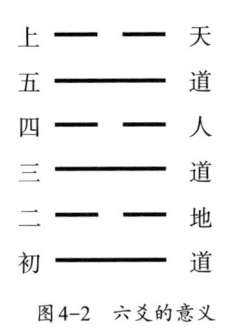

```
上 ━━ ━━  天
五 ━━━━━  道
四 ━━ ━━  人
三 ━━━━━  道
二 ━━ ━━  地
初 ━━━━━  道
```

图4-2　六爻的意义

"才"字的意思和"材"字相通。任何组织，实际上都包含三个阶层，那就是"高阶""中坚""基层"，人员的才能正好合乎"天道""人道""地道"的性质，如图4-3所示。

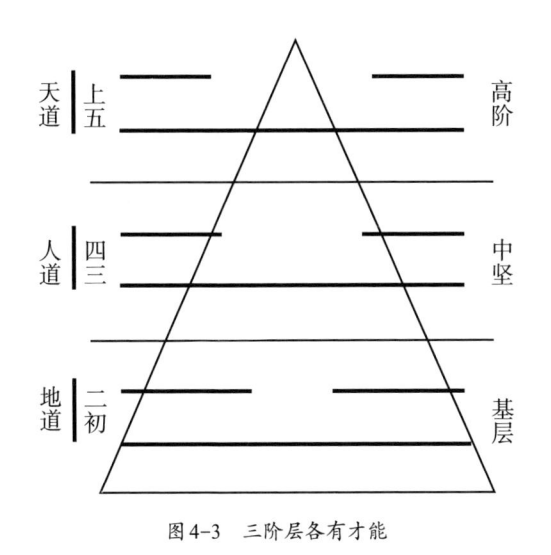

图4-3　三阶层各有才能

我们从"高阶""中坚""基层"这种长久以来即被沿用的称呼，可以看出大易管理在中国自古流传着，只是一直处于未被整理的"不自觉"状况。希望系统化之后，大家能够"自觉"地运用，及早脱离"行而不知"的阶段，进入"知而行"的信心坚定阶段，以恢复中华民族应有的自信与自尊。

管理者的第19课

管理者最好把自己当作中坚干部，随时注意承上启下，应该更为安全妥当。即使已经位居董事长，也应该想一想，政府官员、顾客、员工，甚至社会人士，从某一种角度来看，实际上都是自己的上司。只要其中的一部分对自己有不满的地方，说不定哪一天在哪一件事情上面就会产生强大的压力，使自己喘不过气来。天外有天，人上有人，不要把自己当高阶看待，要做到让别人把自己当作高阶看待，才有意义。

高阶、中坚、基层这六个字，真正明白它的含义之后，必然能发现其"不可更改性"，如"中坚"，不可以改称"中间"，现在有一些人，把中坚干部叫作中间干部，虽然是一字之差，却不打自招地暴露出自己对于"中坚"的处境与任务实在是不甚了解。

中坚位居人道，为成卦的三、四爻。我们骂人，喜欢说对方"不三不四"。"天"不会"不三不四"，"地"不会"不三不四"，只有"人"常常"不三不四"。中坚干部上有高阶、下有基层，夹在中间，经常弄得自己"不三不四"、处境尴尬，所以称之为"坚"，如图4-4所示。

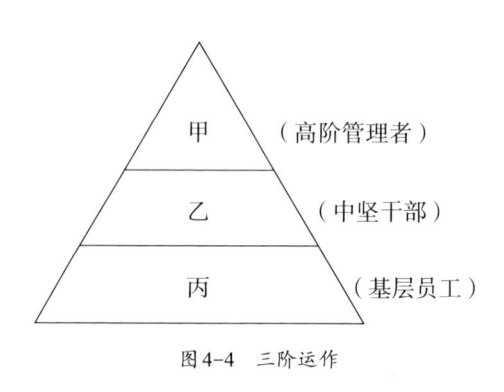

图4-4 三阶运作

例如，甲是老板，属于高阶；乙为经理，是公司的中坚干部；丙是作业员，位于基层。有一天，甲看见丙迟到，偷偷地溜进来。中国人当老板，知道自己属于天道，根本用不着当恶人，于是笑笑，若无其事地走开，然后打电话给乙，问他："是不是有人迟到？现在十点多了，才刚刚溜进来？"

乙放下电话，立即会去查看。乙把丙找出来之后，可以采取如下正反两种态度。

（1）坦白地告诉丙，自己原本不知道他迟到，是老板亲自看见，并且打电话要求彻查严办，不得已才把他揪出来的，同时要他谅解："大家都是同事，不要责怪我。"换一句话说："要怪，就怪老板太无情。才迟到一会儿就一定要查办。"

这种"出卖老板"的态度，就应着"不三不四"的警语。身为中坚干部而产生如此行为，显然不成样子。

（2）诚恳地向丙说明，老板看见他迟到，认为他可能遇到了什么事，要他来了解一下，如果需要公司帮忙，也请不要客气，公司一定会尽力，然后让丙自动说明迟到的原因，并且按照规定处置，使之没有怨言——一方面遵照老板的旨意，另一方面站在丙的立场，不让他的权益受损。

这种"合理处置"的态度，已经机智地摆脱了"不三不四"的困境。身为中坚干部，应该有此素养。

外国有的人对中国人这种看起来好像"让老板当好人，叫干部做恶人"的"游戏规则"感到相当厌恶。其实，如果能真正明白其中的道理，就会发现好处很多，值得推广。

第一，老板看见丙迟到，便亲自给予苛责或处置，是一种严重的上侵下职的不当行为。组织是讲求层层节制的，老板事必躬亲，侵犯干部的职责，会让干部很没有面子，后果堪虞。

第二，老板亲自处置丙，合理固然很好，但万一处置得不合理，这时候就没有人愿意为丙据理力争，以致丙遭受不公平的处置而申诉无门。就算丙自己极力申诉，恐怕由于乏人声援，也将难改老板的决定。如果老板不亲自处置，交由中坚干部来处理，结果如何？老板还可以比较客观地评估一下："乙处置丙是否公正合理？有私心吗？有成见吗？"因此丙受委屈的概率反而大大降低。

第三，老板亲自处置，万一丙脾气暴躁，当场大骂老板，甚至出手殴打老板，请问老板受得了、吃得消吗？西方老板受到员工的殴打，大家还会冷静地评一评理，到底是老板不对，还是员工乱来。中国老板挨打，老实说大家都笑在心里，暗想："当老板当到被员工修理，可见做人很差！"中国社会，越居上位越害怕挨打，因为众人很少会同情他。如果交给干部去处置，万一干部被打，老板可以出面调停，或者叫另外的人员去处理，自己却数落挨打的干部："处置一点小事情，居然弄到挨打，可见你平日太不关心员工，也太不了解员工。"岂非立于不败之地？

再说，老板直接处置，员工心里觉得不满，在公司外面就可能破坏公司声誉，使公司蒙受损害。如果让干部去处理，而又使员工觉得老板完全出于好意，就算员工对干部不满，由于对这么好的老板有所顾忌，也不好意思在公司外面骂公司，因而避免了许多不必要的麻烦。

我们稍加分析，便知道中国人的游戏规则，初看起来乱七八糟，用心分析起来都十分有理。建议大家对中华文化，不但要怀有相当敬意，而且应该"深一层想"，才不致"身入宝山空手还"，枉做中国人。

管理者的第 20 课

管理者最好明白，西方人的脑筋是直的，不太会拐弯。西方的管理者和被管理者都可以有话直说，遇事直接处理，不需要太多的拐弯抹角，并不要求圆满、圆融和圆通。中国人的脑筋，可以说从小就受到太极转动的影响，

> 很会拐弯，既不能够有话直说，也不应该遇事直接处理。我们老早就知道，对于有些事情，两点之间不是直线最短，而是弧线最短。中国人凡事求圆满，人与人相处讲求圆融，处理事务讲求圆通，所以有很多管理行为和西方人不相同。

中国人所奉行的道理，源自《易经》。三阶层人员若想配合良好，以求高效率、高品质地完成任务，也应该遵循三才之道，领悟其中的奥妙。初、二两爻为地道，阴柔阳刚；三、四两爻为人道，阴仁阳义；五、上两爻为天道，分阴分阳。这一卦叫作"既济"卦，如图4-5所示。任何组织若能够循此正道，必然成功。

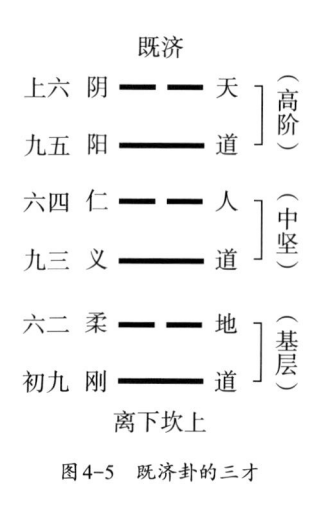

```
         既济
上六  阴 ▬ ▬ 天 ⎫（高
九五  阳 ▬▬▬ 道 ⎭ 阶）

六四  仁 ▬ ▬ 人 ⎫（中
九三  义 ▬▬▬ 道 ⎭ 坚）

六二  柔 ▬ ▬ 地 ⎫（基
初九  刚 ▬▬▬ 道 ⎭ 层）
       离下坎上
```

图4-5 既济卦的三才

既济，是指一切事情都已完成。高阶管理者必须依循"阴阳"之道，就是按照天道的法则行事；基层工作人员应该秉持"柔刚"之道，也就是依照地道变化的法则行事；而中坚干部则需要遵循"仁义"之道，即按照人道的法则行事，才能够使组织任务达到既济的地步。因为三为义而四为仁，所以现在我们又进一步明白不三不四原来就是不仁不义。

《四库全书总目提要》说："故《易》之为书，推天道以明人事者也。"徐复观先生认为在天道变化中，能找出一种规律，以进行吉凶悔吝的判断，进而渐渐找出人生行为的规律。高阶人士经由"法天"或"法象"，依据卦象的变化，要深刻认识上天的好生之德，在组织内做好"安人"的工作。换句话说，高阶人士的主要任务，在"知人善任"，所持的态度要有阴有阳。现代流行的一句话："有些事情可以说，不能做；有些事情可以做，不能说。"这应该属于高阶人士为人处世的特性之一。

易数以阳统阴，易象以阳变阴，《易经》扶阳抑阴，似乎是阳大阴小，阳贵而阴贱，但是立天之道，虽不说"阳与阴"，却一直为"阴与阳"。中国人只说"阴阳"，不说"阳阴"，所以管理层尽量不要"管人"（以阳压阴），要以"理人"（先阴后阳）为重，务须先礼后兵，对同仁待之以礼、先柔后刚，非不得已，不要翻脸无情。

地的主要功能在生长万物。立地之道曰柔与刚，有时也称为"刚柔之道"，说明基层人员处理的对象以"物"为主。处理的方法亦不外把先柔后刚或先刚后柔视作业流程的需要而适当地运用。

天高高在上，中坚干部处于"天之下"，随时随地承受"天"的监视，所以大多数人都把天看得很大，一切都要"顺天"。人生活在地上，必须依赖食物而生活，因此把物看得很重要，产生"爱物"的心理。高怀民先生指出："中国人深受大易哲学之惠，对'顺天''爱物'之意，早已自然熏习于民族性中。"他深为感慨："近代以来，眼见西方物质文明之高度发展、气焰高涨，上发'逆天'之狂论、下为'暴物'之傲行，人多已失去高尚的自我约束之德，作者常觉心悸。少数人之祸尚可用法律制裁，而大多数人所造成的狂傲之祸，已使人担心到无法制裁了。"他觉得把大易哲学公之于世，向全世界人类阐明"人道"的正义，才是根本的救世之道。

中坚干部要顶天立地，必须秉持仁义的法则，承上启下，成为德配天地的中"坚"人才。

管理者的第 21 课

管理者最好明白，大易管理的总目标在提升管理者与被管理者的道德修养。它不应该只是一套理论，而是让所有人都能够在职场与生活当中做一个顶天立地的"大人"。我建议每一个人都把自己当作中坚干部看待，时刻不忘上有天、下有地，自己必须秉持仁义的法则来承上启下，以德配天地来顶天立地。"大人"的意思，其实就是道德修养良好的人。我们的智慧，也许不如圣人那么高明，我们的生活，也许不能像富人那么丰富充裕，但是我们的品德修养可以日日有精进，达到"大人"的标准。

高阶以"人"为主，基层所重在"物"，那么中坚呢？主要在处"事"。人、事、物的区分，成为高阶、中坚与基层各有所司的重要依据，如图4-6所示。

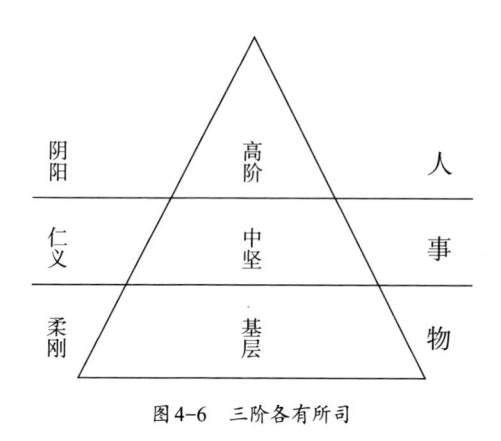

图4-6 三阶各有所司

人的安顿，为高阶首要的职责；事的处理，是中坚最要紧的任务；而物的处置，应该是基层的主要责任。

我们可以这样说：三画卦的三爻，包括天地人三才：上面那一爻，表示无形的能而为天道；下面那一爻，表示有形的质而为地道；中间那一爻，则兼备无形的能与有形的质而为人道。道家穷变化，可以用来说明易的天道；儒家重伦常，可以用来说明易的人道；墨子提倡实利，可以用来说明易的地道。儒、道、墨三家学说，都以大易的道理为依据。儒家思想来自《周易》，道家思想来自《归藏易》，而墨家思想则来自《连山易》。三家学说各有其重点，正好配合三个阶层的不同需求。大抵说来，高阶应有道家的修养，无为而无不为，重点在"无"；中坚要具备儒家的风范，知其不可为而为之，重点在"能"；基层人员，则宜本乎墨家的苦行节用、尚同合作，重点在"有"（如图4-7所示）。

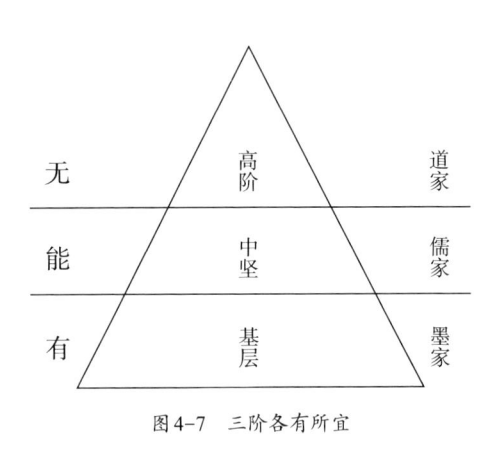

图4-7　三阶各有所宜

管理者的第22课

　　管理者应尽量以中坚干部自居，最好以儒家所倡导的道理为重。太早进入道家的无为，很不容易收到无不为的效果，最好先有为而后无为，也就是有把握时才无为，更为稳妥。中坚干部最要紧的工作，其实是变通，所以如何适时应变，以求得合理的调整，便成为中坚干部的主要任务。《系辞上传》指出："变而通之以尽利。"六十四卦代表管理可能遇到的六十四种情况，管理者还应该更进一步，会通三百八十四爻，务求完全施利于天下，也就是不拘泥、不执着于一隅，能够随时依情境的不同变换其应对的方法，以适其宜。

组织三阶层秉持三才之道

组织三阶层需配合三才之道。高阶遵行天道，中坚实施人道，基层奉行地道，彼此密切配合，才能获得天时、地利与人和，提升管理的效益，如图4-8所示。

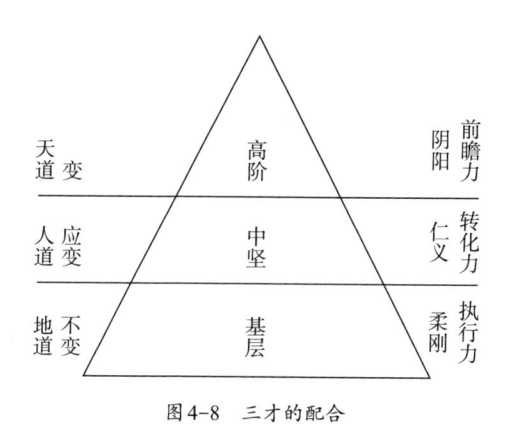

图4-8 三才的配合

天道尚变，所以高阶管理者必须深研变化的道理。《易经》所说的"变化"，大多数是指由阴阳往复而起的生生不息的效果。管理层最好善于体会宇宙万物一往一来的变动规律，秉持"一阴一阳之谓道"的理念，掌握未来的变化，培养良好的"前瞻力"。管理者是组织的掌舵人，能否把握正确的方向，有没有前瞻性的眼光，能不能明白"阳动而进，阴动而退"的规律，实在是大家非常关心的事情。

六十四卦除了乾、坤两卦提示大纲外，其余六十二卦，从屯、蒙、需、讼，一直到既济、未济，实际上都在展示终而复始、无穷无尽的循环变化。管理者的前瞻力，必须把握往复循环的变化之道，表现出下述三点。

（1）在事情尚未发生之时，就能够看出它的动向，并且正确地提示出来。

（2）在过盛而将衰的时候，能够及早、适当地转变处事方法，而不是丧气地怨天尤人。

管理者的第23课

高阶管理者务须明白，天道尚变，含有不能乱变的要求。我们看看天的样子，固然是善变，却也春、夏、秋、冬不失其时。变的时候，必须考虑到员工的承受能力和干部的应变能力，若是变到员工无法承受，那就是不自量力的变；如果变到干部难以应变，那就是变得太快，或者变得太离谱，即便干部想配合也做不到。这样的变，偶一为之，还能够勉强为下属所接受，常常如此，恐怕会使组织陷入危机。

（3）有信息、有数据时，运用科学预测；缺乏信息、数据时，也会利用占卜或直觉来预测未来可能的变化。

占卜是不是迷信，后面自有明白的解说。我们先前指出：高阶管理者不能以缺乏信息、数据为理由而推诿决策的责任，就算一切模糊不明，身为决策者，亦非拿出主意不可。

前瞻力所预见的是未来，而未来是变化的、不确定的，所以高阶管理者尚

"变",在行为表现上,即为"善变"。我常听见一些干部批评高阶管理者"变来变去,讲话不算数",因而"能拖便拖,反正上面还会变,做快了反而倒霉"。殊不知"天气变化无常":气象台的预报往往会有很大的偏差,但是气象台的工作人员不能由于有偏差就放弃预报。同样,干部不可因为上级善变而拖延时间,应该边做边调整,就像人要顺应天气,随时添加或脱掉衣服,才是合理的行为。坐等天气忽冷忽热的变化,迟早感冒生病。坐待上级变来变去,同样会浪费时间,来不及做出合适的响应。

地道和天道不同,它的特质是"不变",基层人员最好严守纪律,切实遵照工作规范,不可擅自改变。《易经》是"变化的道理",宇宙间一切都在变,哪里有不变的呢?可见这里所说的不变乃是相对于变而言的。事实上"地"也是"动"的,并非"静止",基层人员仍旧要有变的能力,不过要在主管同意之后才可以变更。通常我们对基层人员的要求有下述三点。

(1)一切照规定切实去执行,不要自作主张,任意改变。唯有确实做到这一地步,工作才能稳定而合乎标准,主管也才能够放心。

(2)发现任何异常现象,都要停止工作,赶快把异常现象向上级反映。既不隐瞒,也不擅自改变,以免带来更大祸害或弄巧成拙,反而不可收拾。

(3)如果不能停止,就应该及时依照预先设计的方案来调整,同时要按照上级提示或同意的新方案、新程序来改变目前的工作方式或流程。即使自己长期工作积累了很多宝贵的经验,也应该依正常程序提出建议,待大家同意之后,再做出合理的变更。

执行力并不是完全不动脑筋地按照指示去执行,却也不能够不依照规定而擅自变更。不论是自动地提出主张,还是被动地等待命令,改变执行的方式或程序都要获得上级的同意,这才是所谓的"不变"。

管理者的第 24 课

　　基层人员最好明白地道的要领在于刚柔十分分明。只要一切照规定去执行，用不着大小事情都去请示或汇报，让上级不胜其烦，而且浪费时间，等于增加成本。基层人员事事请示，样样报告，事实上也影响工作的正常开展。但是，若是工作遇到困难，过程出现变数，或者出现异常的状况，这时候应该马上据实向上级报告，不能有任何隐瞒或夸大其词，这样才能够获得上级的支持，做出合理的应变，以便工作顺利进行。

　　"人道"调和"天道"与"地道"，贵在"有所变有所不变"。中坚干部处于高阶与基层之间，必须发挥"应变"的"转化力"。因为"不可不变而且不可乱变"，所以秉持仁义，以求合理。

　　中坚干部的"转化力"，表现在下述三点。

　　（1）一方面要顺应高阶的变，另一方面要掌握基层的不变。既不可以埋怨或拒绝上级的变更，又不能够放任下属自行改变，要使上级的变能为基层所承受，使基层的改变符合上级的要求。

　　（2）不可以把上级的指令原原本本地向下宣示，以免引起基层的抗拒与反感；也不可以直接把基层的建议向上级呈报。这种常见的错误，其实就是不明白"转化"的道理，不加转化的承上启下，很难获得良好的效果。

　　（3）不能盲目顺从高阶的变而不顾基层的实际情况，强制他们承受上级的改变；也不可以只顾基层的方便或利益而反抗高阶的变更。合理地调节高阶的变与基层的不变固然不容易，却显得中坚干部确实具备"转化力"。

管理者的第 25 课

　　中坚干部最好明白人处天地之间，必须顺应天地自然法则的道理。大自然的天，固然与大自然的地相对立，但是天高高在上，所产生的光普照大地。

组织若是缺乏高阶管理者的英明前瞻，相当于身处暗无天日的状态，人再能干，也将迫于形势而有力难伸。天能生死人，也能祸福人，人必须顺天，而不能逆天，高阶管理者对中坚干部操有升迁、任用的大权，所以中坚干部要顺应高阶管理者的要求，全力加以配合。先和高阶处好，才有办法照顾基层的员工。凡事先顺着高阶的指示，再听听员工的意见，从而将高阶指示有效地转化为基层员工能够接受的要求。

现代管理倡导"制度化""合理化""人性化"。《易经》三才之道，一以贯之地把它们挂搭在三个阶层，并且恰当地配以"情、理、法"的精神，如图4-9所示。

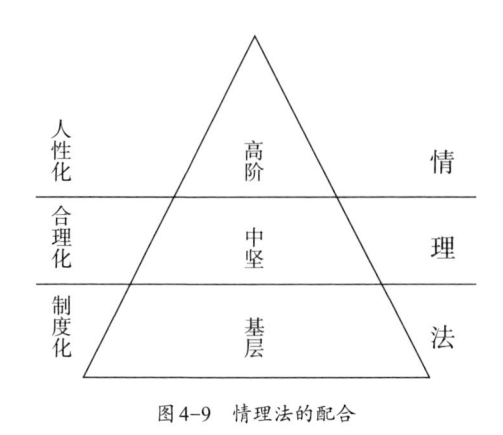

图4-9 情理法的配合

"制度化"无疑是管理的基础，没有人不重视管理的制度化。但是，制度化根本不是良好的管理，因为制度很容易僵化，不易适应内外环境的不断变化，也很难应付两可或例外事宜。

基层人员要一切以"法"为重，遵守典章制度。他们生活在"制度化"的环境中，最大的希望便是"给他们合理的制度，并且合理地适时调整"。他们守法，依制度行事，却期待高阶管理者要有"良心"，给他们合情合理的制度。"良心"是基层对高阶管理者的最高要求。

高阶管理者最希望基层人员能够切实守法，以便自己有充分自由可以任意变法，这种心态着实可怕。高阶管理者如果不凭良心，为私利、逞私欲而立法，就会形成"置他人于死地，度自己上天堂"的恶法，置基层于水火之中。"情"的含义，为"心之美者"，即"一切凭良心"。高阶凭良心制定合理的制度，所以拿"情"作为高阶的重要精神。人而有情，才合乎人性，合乎人性的管理，叫作"管理人性化"。

现在我们明白，高阶管理者一直喊"守法"，并不能打动基层人员的心，反而引起他们"想拿法来拘束我从而满足你的需求"的怀疑，更加不愿意守法。

高阶管理者最好不要口口声声强调"法"，而应变换一种态度，希望"把法修得合理，方便基层遵循"。合理不合理，实际上很难讲。理不易明，往往公说公有理、婆说婆有理，要争执就很不容易分是非，这时候需要中坚干部来转化，把"合理化"的"理"，转化成基层人员愿意遵循的"法"——其先决条件，则在高阶有"情"，有良心地尊重人性。

依据"天时、地利、人和"的要旨，高阶必须有"权"，中坚应该尽"责"，基层无权无责，重在谋"利"，如图4-10所示。这听起来乱七八糟，但仔细分析，就会发现其颇有道理。

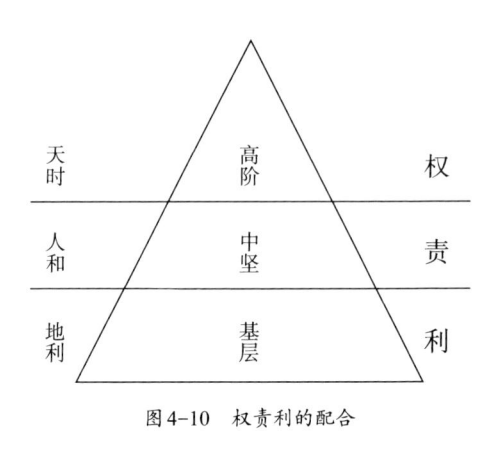

图4-10 权责利的配合

我们常听见有人在骂：高阶只想抓权，把责任全推给干部，而干部有责无权，怎么能把事情做好？也有人如此抱怨：基层不负责任，一心只想多赚几个钱。

可见三才的配合，长久以来主宰着中国人的管理。

我们说"权"，喜欢加上一个"限"字，称为"权限"。任何人的"权"总是有"限"的，不是说舍不得分授给他人，而是有限的权，委实不知道如何分授。

一方面，"天"赋"人"以责任，仍保留决定成败的"天命"权限，人才会敬畏天；另一方面，"地"能否尽其"利"，还要看"人"是否尽其"责"及"天"是否依"权"调节其"时"。

可见"人"有"责"无"权"，而"天"有"权"无"责"，"地"则依"天"及"人"而获其"利"，是十分自然的道理。

中坚干部存心争"权"夺"利"，上面的人放心吗？下面的人会热心吗？为了"授权"，弄得高阶不放心，基层不热心，以致中坚自己也不称心，如图4-11所示，请问有此必要吗？

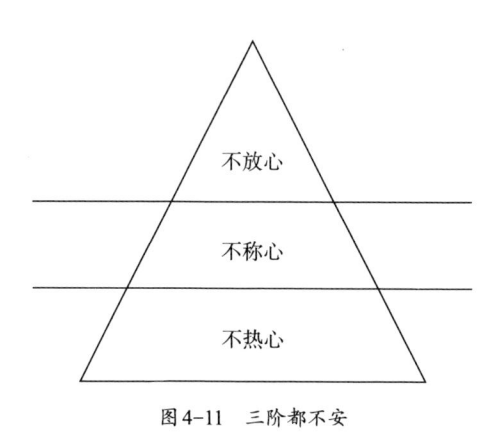

图4-11 三阶都不安

高阶用"授权"来推卸责任，基层认为中坚有权而不敢用，于是互相猜疑，哪里能够真诚合作？

高阶管理者大"权"在握，必须把握有利的时机来行使自己的权利，众人才会心服。如果时机不利，大家不支持，权就变得很小，要不然何来无力感？

管理者的第26课

中坚干部必须明白争权夺利的真正意思是争上级的权，夺下属的利。上级的权要不要分授给我们，那是上级的事情，我们口口声声要求授权，分明是要向上级争权。在上司的心目中，我们已经成为越权的下属，岂非十分可怕？下属应该获得的利益，应该完完全全归于下属，干部如果从中剥削，那就是夺取下属的利。下属要不要和干部分享那是下属的事情，按理说干部还应该适当地推辞才对，怎么能够擅自夺取呢？对上不争权，对下不夺利，才是真正的不争权夺利。

中坚干部只有尽责的分儿，不必希求上级授权。尽责任就不会失责，不存心要求授权便不致越权。任何中坚干部，若是做到"不失责，不越权"的地步，当然不可能"不三不四"。

基层重"利"，实在不必责怪他们。工业化社会，劳工每天从事单调乏味的工作，技术越来越单纯，生活越来越刻板。前途茫茫，升迁谈何容易？工作重复，乐业也相当困难。多赚一些钱，争一些福利，应该是最具体实际的。在这种情况下，怎能怪其重"利"？

要拿"利"做诱因，使基层人员"苦行节用"，遵守制度，"兼相爱交相利"，尽心尽力把工作做好；用责任感来激励中坚干部，使其明白自身所担负的责任，发挥"法天""敬天""善补过"的精神，依"仁义"法则，循"和谐"途径，做好"承上启下"的转化。

高阶管理者抓住"权"不放，要警惕"权力使人腐化"，最好秉持老子的三宝："一曰慈，二曰俭，三曰不敢为天下先。""慈"是"天地不仁"的宇宙"大仁"，高阶管理者首重"立公心"，对所有成员无偏见、无成见，然后才能够明察秋毫，公正地判断中坚干部的"仁"是否合"义"，这样才能够防止中坚干部的偏私（不三不四）；"俭"指"节制"，以免流于奢侈、浪费，败坏社会风气；"不敢为天下先"即"无为"，不要上侵下职、只求自我表现，使下属不能合理地有所作为。

在上位者，有所不为而用天下；在下位者，有所为而为天下用；在中坚者，有所为有所不为而治天下，如图4-12所示。这种三阶层密切配合，分别发扬道、儒、墨的精神，各自扮演合适的角色，才能够高阶放心、中坚称心而基层热心，如图4-13所示，上下皆大欢喜。

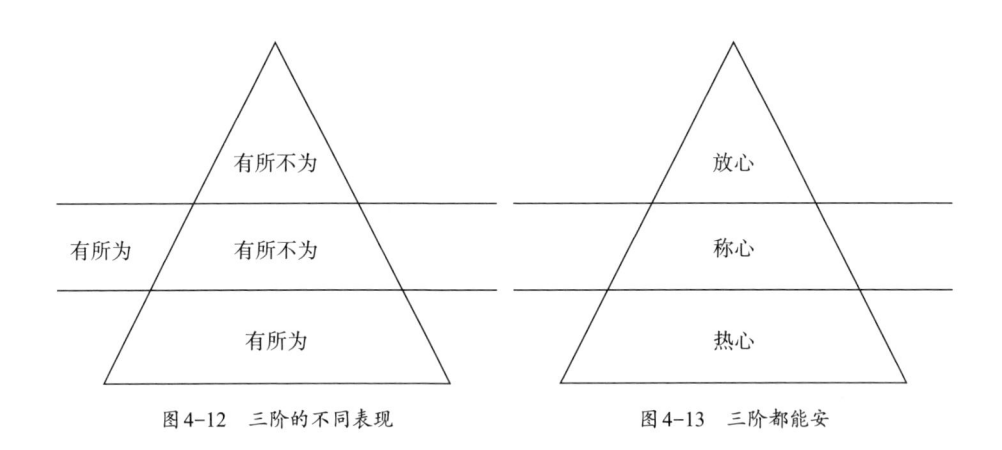

图4-12 三阶的不同表现

图4-13 三阶都能安

大易管理要发扬树状精神

《系辞上传》说:"是故易有太极,是生两仪,两仪生四象,四象生八卦。"《易经》的造化体系,是先"有"而后"生",然后由"生"而后"成"。

易"有"太极,肯定宇宙先天"有"太极的存在。孔子为《易经》作传,用意在为中等智慧的人说法,所以把重点放在"有"上。他认为宇宙原本具有造化万物的太极,至于究竟什么是太极,则采取"存而不论"的态度。

阴阳图的一阴一阳,不用对半分而用反S线的弧线分,一方面表示运转,另一方面告诉我们阳中有阴、阴中有阳。

我们的脑筋由于受到大易的影响,大多数呈现这种阴阳图形,所以看起来"是非不分",特别是"阳中有阴、阴中有阳"的理论,使我们更易形成"是中有非、非中有是"的错觉,固然是"脑筋转得过来",却也相当容易陷入"同情弱者而不是同情有理者"的困境。我们说"是非不分",会特别加上"看起来"三个字,表示中国人并不是真的是非不分,而是"是非难明"。

管理者的第 27 课

管理者最好谨记是非难明的要义，不是是非不明，而是在是非难明的困惑中养成慎断是非的好习惯，最后还是要做出是非分明的决策。如果时刻都是非难明，就很难做出明确的决策，导致大家都无所适从。用是非难明来思虑，以求想得周到，仍然需要慎重地明辨是非，以明确的选择来做出清楚的决策。

绝对之中，并不包含相对；相对之中，却显然包含绝对。我们必须学习在"是非难明"的情况下，以"慎断是非"的态度来"明断是非"。这种方式其实最合乎管理的道理。碰到任何问题，不要马上做出判断，以免鲁莽中产生错误，而应该慎重地在若干方案中分析、研判，从而找出可行的定案，明白地判别是非。事实上，圆通的人，都是拿这种态度来面对是非的。

代表阴阳的奇画"—"、偶画"--"，通称为"爻"。"爻"这个字对中国人而言具有重大的影响。爻字一共四笔，竟然没有一笔是横的（—），也没有一笔是竖的，每一笔都是东倒西歪的，这告诉我们：人世间没有问题几乎是不可能的，有问题才是正常的。中国人满脑子都是"那可不一定"，象征"爻"可能向东倾斜，也可能向西歪倒，未必都是正的、直的。在"不一定"当中找到"一定"的答案，才是真正懂得"那可不一定"的真谛。

伏羲氏画卦，画到三画为止，因为这时候天地人三才已经形成。一画象天，包括时间在内；一画象地，包括空间在内；一画象人，包括万物在内。在天成象，在地成形，在人成事，并称为三才。

如果再在三画卦的上面加上一画，变成四画卦，不但弄乱了天地人之间的关系，而且重卦就不是八八六十四卦，而是十六乘十六，一共二百五十六个卦，把事情搞得太复杂了。

管理者的第28课

从现在开始，养成把所有问题先列举出来，依优先顺序排列的习惯。员工针对某一问题，提出若干不同的方案，管理者可以将有关的方案，依据大家的意见，排出优先顺序，保留前三个方案，再深入研究，以便找出此时此地这些人认为最合理的定案。交代要点时，同样要把自己所想到的要点先列举出来，排出优先顺序，然后把最优先的三个要点提出来交代。下属向上级报告时，最好也按照优先顺序，把最重要的前三点报告给上级。

很多中国人认同"无三不成礼"，凡事三思而行，对众人约法三章，这些和三画卦都有相当密切的关系。

就组织而言，划分出"高阶""中坚""基层"三个阶层，彼此灵活配合，成为大易管理的特色，后面有比较详细的说明。

太极图体现的天、人、地的关系，表示"天地万物，乃是为了人类的生存与生活而存在，人类应该善尽创造、维护和控制天地万物的责任以延续宇宙的生命"。我们喜欢说"大丈夫顶天立地"，便是指尽责任的人必须善用管理来维护宇宙的生生不息。

太极生两仪、两仪生四象、四象生八卦，自身就具有生生不息的特质。八卦树状分布图（如图4-14所示）表示"易气由下生"，把太极置于底部，象征"根本"，就是中山先生所说的"生元"；太极动而生电子，正如太极生两仪，然后向上发展，由两仪而生四象，由四象而生八卦。

这种树状分布，应该是大易管理中组织的主要精神。可惜大多数组织，实际上并未按照这种精神来运作，以致管理者"关起门来称孤道寡"的"皇帝心态"十分浓厚，几乎忘记了重视基层反应的重要性。

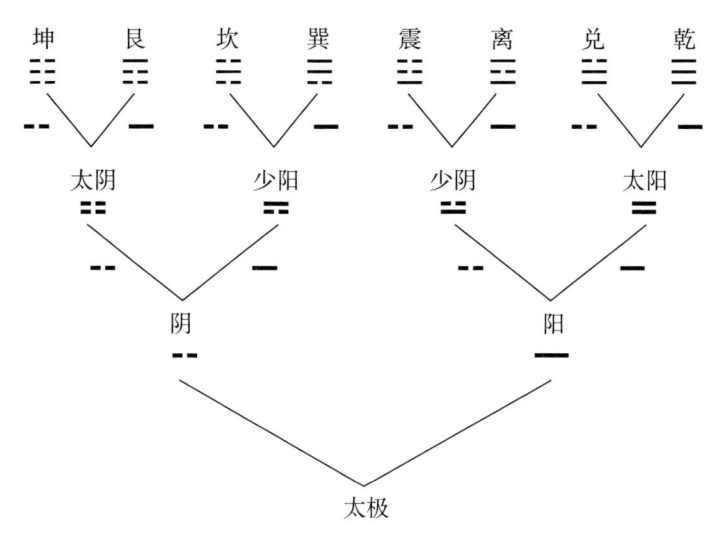

图 4-14 八卦树状分布图

一般组织，大多采取金字塔形的结构。管理者高高在上，依职能分成若干部门，然后向下发展，把基层人员压在最底下。如果拿《易经》观"象"的眼光来看，猛然间看过去，像不像一串粽子？如图 4-15 所示。

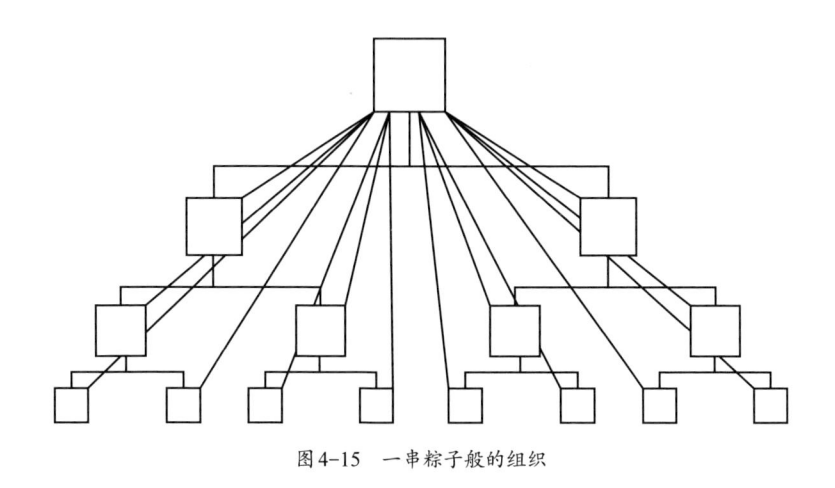

图 4-15 一串粽子般的组织

这一串"粽子"，只要管理者用手提住，每一个"粽子"动不动都一样，看不出来，且不可以过分地动，否则就有断线脱落的危险。这种粽子式的组织控制紧密，一层压一层，丝毫不能激发员工的干劲，大家混一天算一天。越是基层，越有"反正一切由上面负责，不用自己操心"的念头，天天"不知道为什么要这样做"而"天天就这样做下去"，难怪大家都不热心，工作做得并不起劲。

依照八卦树状分布图的"由下而上"精神，组织应该调整过来，把管理者放置在"根本"的地方，发挥"树根"的功能；各阶层主管，一层一层向上发展，构成"树干"，所以称为干部；最上端的"枝叶"才是真正面对顾客的第一线的工作人员。中国人是深知顾客至上的道理的，把客户捧得高高的，如图4-16所示。

树根代表董事会、监事会，正如太极涵阴、涵阳，董事、监事既矛盾又统一，只是最好不要闹成对立。因为董事、监事亲如一家，固然非公司之福，但势如水火也不是好事。树根是公司的基础，只要董事会、监事会存在，公司就会欣欣向荣，就算略有枯萎的迹象，春天一到，公司很快就会复苏。

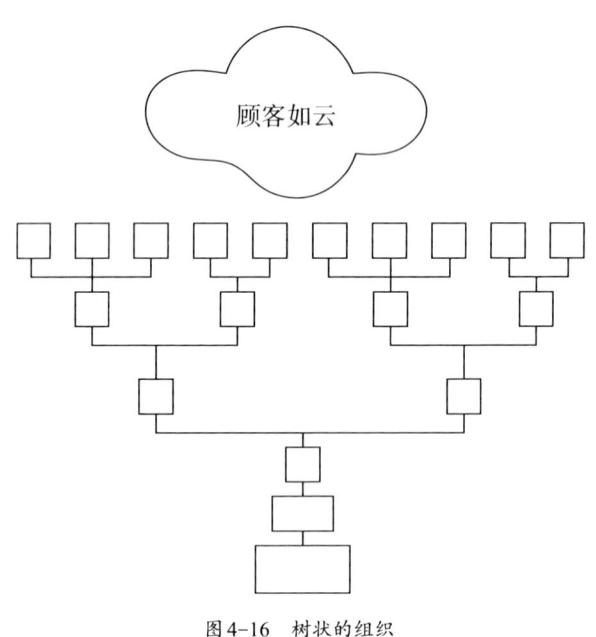

图4-16 树状的组织

有些人最害怕听到这样的话："你好好做，我就用你；你不好好做，我就叫你走人。"我们最喜欢听这样的话："我支持你，你尽管放手去做！"

易气由下生，各级主管都应支持次一级主管去发挥，这种"树根支撑树干，树干支持枝叶"的精神，正适合中国人的组织。

当然，各级人员都应该在主管的支持之下，充分发挥自己的潜力，好好去表现，整棵树才显得蓬勃、有生气。一方面树干不与枝叶争绿，干部不能抢夺下属的功劳；另一方面枝叶也必须努力向上生长，员工自己应该力争上游。组织在互依互赖当中，各自尽心尽力把工作做好，才能真正发挥组织的树状精神。

现在的怪现象是树干拼命想"作秀"，表现得比枝叶更翠绿，主管只顾表现自己，下属冷漠地袖手旁观就成了十分自然的反应。

这种作风继续恶化下去，有一天树根也要钻出地面，大大地表现一番。结果，这棵树越大，便倒得越快。所以，每一级主管都应该把表现的机会让给下属，让他们好好去表现。满树繁花，果实累累，才是组织成员协同合作的成果。

人要赞天地化育
能屈能伸

乾卦的乾，是健的谐音。《象传》说："天行健，君子以自强不息。""天行健"可以用日月的运行来证明。日月属于天象，而日月的运行从混沌开辟以来就没有停息过。君子行身处世，也应该学习这种不停滞的精神，不因任何挫折或困难而改变自己的志行。"以"的意思是仿效，仿效天的样子，自觉地自强不息。

坤卦的坤，是柔的意思，和乾卦相对来看，乾刚坤柔。天刚健主动，常处于领导地位；地柔顺主静，常处于顺应的位置。但是坤虽然柔顺，如果不带几分刚性，也难以始终不渝。譬如忠臣不事二主，若是只能柔顺，却没有至死不屈的刚强力量，到头来也不能贯彻始终。反过来说，历史上的奸臣，为了逢迎君王，无不极力柔顺，一旦不能达到目的，其杀害君王的手段也最为残酷，可见柔顺之中，同样有刚强的性质。《象传》说："地势坤，君子以厚德载物。"地的形状，原本直、方、大，并不柔顺。这里只说"地势坤"，而不说"地形坤"，意思是原来不柔顺的，遇到天的形势，才相对地柔顺起来。君子处于坤的地位，应该仿效地的柔顺，用厚德来载物。

把乾卦和坤卦的象辞合起来看，不难看出能屈能伸的丈夫气概。处于乾卦的位置，必须能伸；而处于坤卦的地位，那就需要能屈。中国人大多能屈能伸，便是受到《易经》的影响，如图4-17所示。

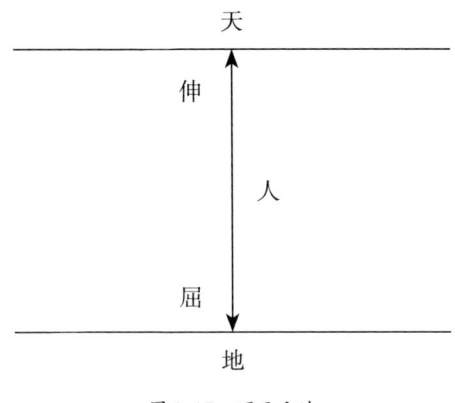

图4-17　顶天立地

高怀民先生指出：大易并非要勉强人去效法天地，而是基于人性的自觉，在天地的孕育当中自然而然地要对天地尽大孝。尽大孝便要效法天地，以天地的德行作为人的德行。所以孔子说："夫大人者，与天地合其德。"

然而效法天地，对天地尽大孝，并不表示人必须永远屈居于天地之下，那是一种病态的观念。请看为子女的，哪里有永远屈居于父母之下的思想？父母与子女是一个和谐的家庭，天地与人是一个和谐的宇宙，人在效法天地中求进步，正如子女在父母教导下求进步一样。天、地、人三才，并不表示人要与天、地三分天下，只是由于人长大了，有了参赞天地的能力，开始要分担天地之道，但基本观念仍然落在与天地合一的和谐立场。

天地的大德，在于化生万物。孔子在《象传》中特别指出"大哉乾元，万物资始"，意思是天原本是一种形体，并没有什么具体的作用，但是乾有元、亨、利、贞四德，其中的元是乾的基本精神，由于乾具有这种基本精神，所以能够创造万物。"万物资始"就是说宇宙万物都是依靠乾创造出来的。"元"是创造物的精神，"亨"是创造万物的行动，"利"是平息争讼的关键，而"贞"则是公正无私的表现。

宇宙万物之中，只有人的创造力最强，自主性也最高。人如果完全仿效天的自强不息，势必人定胜天；创造过头，把天地都破坏掉了，违反大自然的法则，不仅对人十分不利，而且将破坏天地的生养能力，因为自然一方面十分伟大，另一方面也十分无情，不能够完全听其摆布。人同时仿效天地，在顺其自然的基础上再去创造，才是天、人、地三才的最佳配合。

乾卦的理想领导者，必须与天同德，并且与人同情，既能够为天地立心，又能够为生民立命。孔子在《文言》中列举四个必备的条件，分别为与天地合其德、与日月合其明、与四时合其序、与鬼神合其吉凶，如图4-18所示。一个人如果真正做到像天地那样大公无私、像鬼神一样能够预知吉凶，必然能够提出独特的见解，或者后天依理而得其宜。

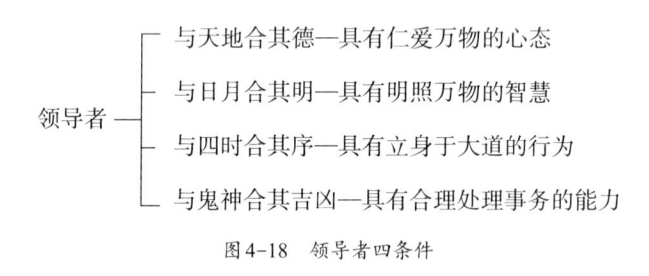

领导者
- 与天地合其德——具有仁爱万物的心态
- 与日月合其明——具有明照万物的智慧
- 与四时合其序——具有立身于大道的行为
- 与鬼神合其吉凶——具有合理处理事务的能力

图4-18　领导者四条件

企业的领导者应该自命为企业的天，要经常像天一般刚健，企业才能够像天地自然那样顺遂发展。

顾客对企业而言，也是企业的天，企业应该像地那样顺从天意，以求共存、共荣。大地养育丰富多样的产物，以满足所有生物的需求，企业也应该推出多样的产品与服务，以满足顾客的需求。

企业的经营管理、组织的生存发展，无不以人为本。人应该提升自己的实力，抱着参赞天地之化育的心情，扮演好自己的角色，做到孔子所说的"君君臣臣"。

"君君"的意思是，上级必须像上级的样子，不能上侵下职，把自己扮演成下属的角色，使得下属没有办法做好自己的工作。"臣臣"的意思则是下属应该像下属的样子，不可以一味柔顺、盲目地服从，或者从同仁那学得一些不良的习惯，丧失了原有的直、方、大，反而十分不利。

管理者的第29课

管理者应该以《易经》所说的"大人"自居，以求发挥"利见大人"的功效。大人与我们通常所说的君子有什么不同？君子表示人有志向修养自己的品德，而大人则是道德修养有大成就的君子。一个人，只要有志求道，认真修养自己的品德，基本上已经是君子；若是在实践方面能够持之以恒，就可以称为大人。在精神方面，管理者应该是"人上人"，因为品德修养必须高于常人，这样才能够以身作则，成为员工的表率；但是在物质方面，和一般人不需要有什么不同，这样才不致和员工拉远彼此之间的距离。彼此容易接近，才显得管理者有良好的亲和力。

第五章

三阶的特性

为上者本来应该"放心让在下者全力去发挥",现在却反过来"把下属的工作抢过来做"。这非但不能提升自己的声望,反而会降低自己的地位。但是,看不懂的人,还会恭维他们勤劳、认真、没有官架子。

大易管理是指组织内三个不同特性的阶层,各自扮演不同的角色,在各人的岗位上为共同的目标而努力,以求得密切而良好的配合,因此高阶必须像高阶的样子,只应该做好自己分内的工作,不可以凭借权势,抢夺中坚干部的工作。因为一旦"上侵下职",中坚干部觉得没有面子或闲得无聊,就会"不三不四",弄得大家都伤脑筋。如果中坚干部也仿效高阶管理者的行为,向下抢夺基层人员的工作,那么基层无事可做,因而游荡闲闯,所导致的问题必然更加严重。

基层"务实"、中坚"不执着"、高阶"中庸",构成三个互相配合的阶层。基层一切守法;中坚所重在理,要把基层所守的法调整到合理的地步,由于理不易明,所以容易"不三不四";高阶"深藏不露",有能力判断却不轻易把答案说出来,干部才会谨慎、警惕、处处用心。

组织三阶层,各有不同的特性,所以称为三才。这三种不一样的才能,并没有高低、好坏、善恶的差异,只是所处的位置不同,必须有不一样的行为表现才能恰如其分。前一章已经说明,高阶像天的样子,基层像地的样子,而中坚干部则应该扮演好人的角色。本章我们将进一步分析三个阶层的实际运作,以供参考。

高阶主管九五行为的运作

中国人只说帝王是"九五之尊"(如图5-1所示),没有人说"上九之尊"(如图5-2所示),因为我们明白"物极必反"的道理,尽量使自己"不要过分膨胀"。特别是大权在握的领导者,更不应该把自己看成无所不知、无所不能的"先知"或"万能者"。

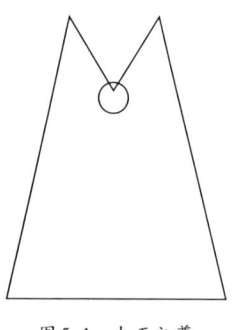

图5-1 九五之尊

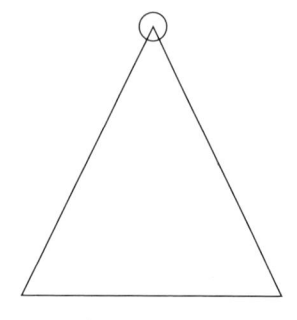

图5-2 上九险位

领导者如果高高在上,要亲自指挥、监督,就要负起一切成败的责任,那么就像置身于高山上的"亢险"位置。自己站在山头上，推土机一来，必然首先把他推倒。

好不容易成为领导者，最好明白乾卦"上九，亢龙有悔"的警语，记住"九五，飞龙在天"的启示，把自己深藏在吉位，一本天理民情，做到刚柔并济，看似无为却无不为。

领导者站在一把手位置，让得力的干部站在"上九"的位置，自己凡事留有缓冲的余地，才不致"逼死"自己。

"上九"的位置，如果只让一位干部站在那里，这位干部岂不成了"太上皇"？这时候领导者等于自己又找一个领导，无疑是自找麻烦。

中国领导者十分高明，至少同时让两位得力的干部站在上九的位置，称为"左右手"。左右手可以合作，也可以互补，不会造成"非我不可"的不利局面。

位居"上九"的领导者，推土机一来，马上把他推掉，想躲都躲不掉，如图5-3所示。这种情况，我们称之为"上台容易下台难"。职位越高，越要想办法让自己"全身而退"，以免在位时被"腰斩"成三段，可怜而不值得同情。这样的领导者，非常欠缺"深藏不露"的修养。

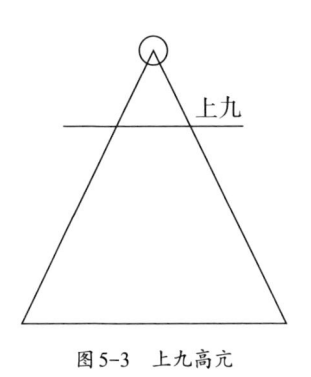

图5-3 上九高亢

深藏在吉位，领导者才能"立于不败之地"而高枕无忧。因为推土机来的时候，会把左右手先推掉，如图5-4所示。领导者见机行事，再深藏起来，另外安置两位新的左右手，又是一番新气象。万一推土机再来，又把新的左右手推掉，自己还可以安然无恙。这种道理，通俗地讲就是"死道友，不死贫道"，可立于不败之地，如图5-5所示。

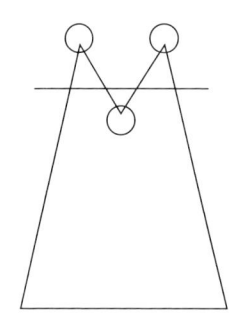

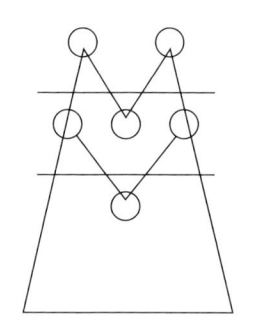

图5-4　左右手先死　　　　　　图5-5　立于不败之地

有些人的道理，初听起来会令人觉得很阴险奸诈，仔细想起来，真的阴险奸诈的领导者，只有傻瓜才肯做他的左右手。即使是傻瓜，推土机来的时候他也不傻了，不是逃之夭夭，就是举手投降，把所有事情都推到领导者头上，此时领导再怎么深藏也没有用。

领导者必须公正而诚恳，才有人愿意为他日夜苦守在亢险的位置上。左右手守在那里，自然有员工组成派系来依附他们。领导者不动声色，冷眼旁观，从派系的流转中可以看出左右手的忠诚与能力，从而决定把什么样的任务指派给他们去完成。

管理者的第 30 课

高阶主管要不要当领导者的左右手？必须自己慎重考虑，衡量利害得失之后再做决定。与最高领导者的关系够不够密切？彼此的默契程度如何？能不能互相信任？这些事情只有当事人自己心知肚明，其他人实在很难判断。

> 最好是处于"士为知己者死"的状态下，才来担当这样的重责大任。做得好，不过是善尽辅助的职责；万一做得不好，就要随时接受"弃车保帅"的命运，黯然下台。所以在决定以前，最好对最高领导者的礼遇和信任再做深一层的评估，有必要才答允，否则便应该婉拒，以确保慎始善终，不致害人也害己！

一把手的最大信条，便是"可以想，不可以亲自去做"。领导者拥有很大的自由，可以想任何点子，却必须通过左右手去推动。领导者最要紧的事情，便是明确地判断出："这件事交给谁去推动比较合适？"

事情顺利成功，是领导者制定的方针正确；事情失败，那是推动者的过失，与领导者无关。此时推动者为了表示负责，可以请求辞职，而领导者则视情况予以慰留或照准。这种领导者有权无责、推动者有责无权的现象，西方管理学者或许会嗤之以鼻，但就大易管理而言，只要大公无私，有什么不可以？

为什么大易管理会是这样的呢？有如下三大原因。

（1）共识的建立很不容易。中坚干部要具有认错的勇气，为了求正确，朝令夕改又何妨？高阶常常认错，行吗？领导者朝令夕改，组织成员会不会惶恐不安呢？中坚干部朝令夕改不要紧，只要高阶管理者坚定不移，大家就仍旧有信心。

（2）中国社会，要冒出头很不容易，要掉下去却轻而易举。好不容易出现一位大众认同的领导者，最好设法让他领导比较长的一段时间，以免因为领导者的更替而消耗过多的时间和人力，妨碍社会的进步。领导者在位太久，会出毛病；领导者常常换人，问题更为严重。

（3）大家对领导者有信心，凡事推动起来就会比较顺利。中国式管理一向"理念"重于"政策"。政策错误，左右手必须负起全部责任；理念不正确，领导者就要黯然下台。

作为一把手，要有能力却不能随便表现，有担当却不能随便承担，有魄力却不能轻易显现。老子所说的"深藏不露",实际上含有如下三大要义。

(1)领导者必须有能力,有魄力,也有担当,否则就没有资格说什么深藏不露。根本没有能力,有什么可深藏的呢?缺乏魄力和担当,有什么好深藏的?露吧,再露也不过如此,何必费心讲求深藏之道?

(2)深藏不露的真正用意,在露得恰到好处。左右手能够承担的工作,为什么领导者要自己去做?相反,左右手实在无能为力时,领导者又为什么不能及时显露一番?如果不论什么情况都一律深藏不露,那么,有没有能力与魄力,是不是能担当,又何从分辨?

(3)中国社会,凡是话说得愈狠、叫骂得愈凶的,往往是处境较差的一群人。真正具有实力的人,在一般情况下,根本用不着逞凶斗狠。愈有权势,愈可以通过不同的渠道委婉地表达意见,因为这些有权势的人拥有深藏不露的本钱,大可以和谐地处理一切事项。

领导者希望深藏不露,必须参照乾卦九五爻辞:"飞龙在天,利见大人。"意思是说:一把手的位置,上合天心,下顺人情,以居至尊的地位。利见大人,意指必须获得大才大德的高级干部来辅助,然后可以无为而无不为。

管理者的第31课

有意成为一把手的人,必须好好体会深藏不露的道理。有能力、有胆量、有魄力,不一定就是优秀的领导者,原因是众人不一定信服。不随便表现,其实是尊重大家,具有谦虚的美德。深藏不露当然不是完全不露,而是站在不随便露的立场来寻求合理的露,只要露得合理,切合时间、空间和事务的性质,大家通常都比较容易信服。一把手最大的特色便是凡事先考虑寻找合理的人,而不是立即思索解决问题或处理事务的方法。以人为先,通过这些合适的人去做合理的事。

喜欢站在上九位置的领导者，不妨留意乾卦上爻的爻辞："亢龙有悔。"上九居全卦之终，乃是亢极的位置，现代知识爆炸，各有专精，领导者不可能全知全能，如果事必躬亲，势必有所遗漏而招致悔憾，领导者让开一步，以不管之管来促使干部自动自发并竭尽所能，才是不生之生的精神，这样便可无悔。

乾卦二、五两爻的爻辞，都出现了"利见大人"，如图5-6所示，彼此相呼应。意思是"下属（九二）选择领导者（九五），而领导者（九五）也在选择下属（九二）"，彼此都认为"合算"，才会合理地密切配合。

干部慎选领导者，领导者在考验中逐渐信任干部，彼此互依互赖，形成"核心圈"（如图5-7所示），就是我们所说的"班底"。没有班底的领导者，有许多事情行不通；拥有班底的领导者，又往往为班底所拖累，这是领导者的"两难"。很多领导者对自己的班底既爱又恨：一方面不容易掌控，另一方面又非有不可。

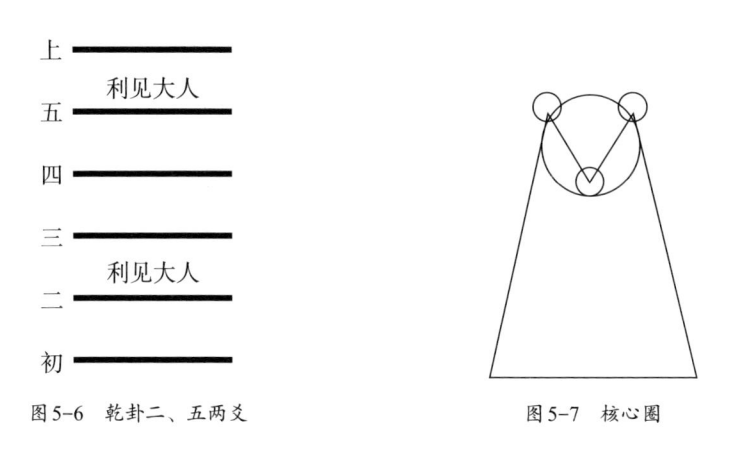

图5-6　乾卦二、五两爻

图5-7　核心圈

一把手最要紧的是知人善任。经由考察和验证，建立"公的班底"，以避免造成"私的班底"。

凡是以同乡、同宗、同学、同事、同好、同年为考虑因素而建立的班底，都带有相当浓厚的"私"心，不大可取。这一类的班底，迟早会增添麻烦、制造问题，聪明的领导者必须时时提高警觉，千万不要走上这条路。

拿工作表现及处世能力做标准，在工作中自然形成班底，大家都一本公正、别无私心，这才是最好的"公的班底"，彼此都怀抱平常心，自然不致因私害公。

太早建立班底的人，很难到达一把手的位置，因为众人害怕他会受到班底的蒙蔽，无法用人唯才；同时也担心他一上来，原本那一个班底都跟着上来，"一人得道，鸡犬升天"。

到了一把手的位置，还没有班底，请问如何推动工作？这样不是累坏了自己，就是由于忙不过来而不得不下台。

"时""位"配合，班底该隐即隐，该现即现。中国人的派系似有若无，而且具有"见风使舵"的特性，便是因应整个大环境的需要，有以致之。

一把手的班底自然有派系来依附。"九五"利见大人，就是班底会有意无意地动员他们的派系来拥戴一把手。万一班底之中有人动员他的派系向一把手施压，甚至存心叛逆，那就不是利见大人了。

班底既然有派系前来依附，可能也会形成小的班底，如图5-8所示，只要不过分明显，一把手应该有宽宏的肚量，不置可否。

一项政策，往往对某一派系有利，而对其他派系有害。这时候班底之间出现矛盾，九五之尊就要设法摆平，不要引起太大的冲突，以免导致班底之间形成激烈斗争。

班底单一化，大家一条心，不见得好；班底对立，彼此搞斗争，必然有害。九五的摆平，其实也是一种"合理的不公平"，使大家分中有合、合中有分，有共识而又彼此有不同意见，一切秉公但又有差异性，才有利于组织在安定中求进步。

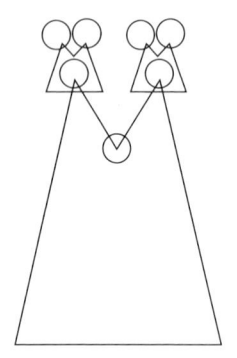

图5-8 班底的派系

作为非正式组织而存在的班底和派系，到底应该如何看待呢？有人怀疑热衷于此道者无不是为了升官发财，而且这一类班底和派系容易产生不正当的关系，反而危害组织的正常运作。事实上，班底和派系几乎不可避免，至于升官发财，只要取之以道，未尝不是激励大家上进的一种动力。至于关系，若是公正地"见风使舵"，对组织的正常运作和发展将具有正面影响，不但不应该压制它，还应该善用它，化阻力为助力。

中坚干部很容易不三不四

中坚干部位居一卦的三爻与四爻，稍有不慎，就会陷入"不三不四"的困境，如图5-9所示。中国人不说"高坚"，也不说"基坚"，只说"中坚"，实在是十分明白"中坚干部"的艰苦处境。依"天、人、地"三才而言，天好做、地好做，人最难做，"中坚"（人）比"高阶"（天）、"基层"（地）要辛苦得多。

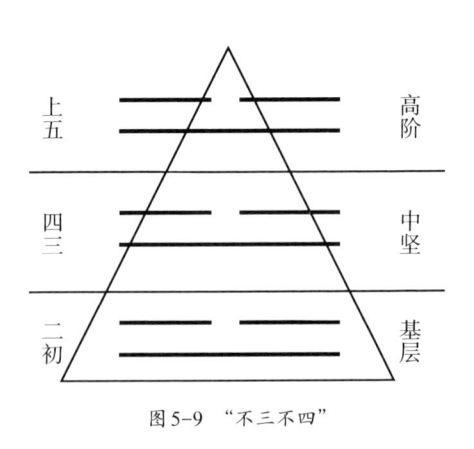

图5-9 "不三不四"

高阶说变就变，常常弄得中坚不知所措。于是有些中坚干部抱持这种心态："老板喜欢变，上午刚刚决定的事情，中午就会变更。既然如此，我不如动作慢一些，不要去做他上午决定的事情。反正他中午就会变更，等他变定了，我再去做，岂不是更省事，也更有效？"

这种念头看起来相当聪明，其实就是不三不四。我常劝中坚干部要认清一件事："幸亏老板会变，我们公司才有前途。万一老板不会变，我们跟着他，恐怕只有死路一条。"

中坚干部不但不可以埋怨高阶善变，反而应该心怀喜悦，庆幸自己追随善变的领导者。因此对领导者决定的事情，要及时去推行；领导者改变主意，自己才跟着调整或改变。事实上中坚干部执行得越快，领导者越不敢轻易乱变。所谓"朝令不妥，夕改又何妨"，如果不是自我解嘲，便是干部执行不力。在下属还没有执行之前变更，当然没有什么害处。领导者和干部原本就是互动的，中坚干部越勤快，领导者的决策越谨慎；领导者的决策品质越差，中坚干部的执行越不力。

领导者喜欢当好人，中坚干部心里会觉得好笑："你聪明，处处当好人，要我来做坏人？我也不笨，把真相抖出来，基层员工就会明白原来你才是大坏人！"

我担任一级主管的时候常常做好人，要二级主管当坏人。当时六位二级主管当中，有一位非常不服气，在忍无可忍的时候，向我提出抗议："你老要做好人，把我们当傻瓜？"

既然正面提出责难，我便在白板上画了一个大十字，说："这是四象，就是四种象限。我问你，我们两个人都当好人，究竟好不好？"我边说，边在第一象限画上两个圈圈，表示两个好人，如图5-10所示。

"这样不好，管理太松了，大家会乱来。"

我接着在第三象限画上两个叉叉，象征两个坏人，如图5-11所示，又问他："我们两个都当坏人，好不好呢？"

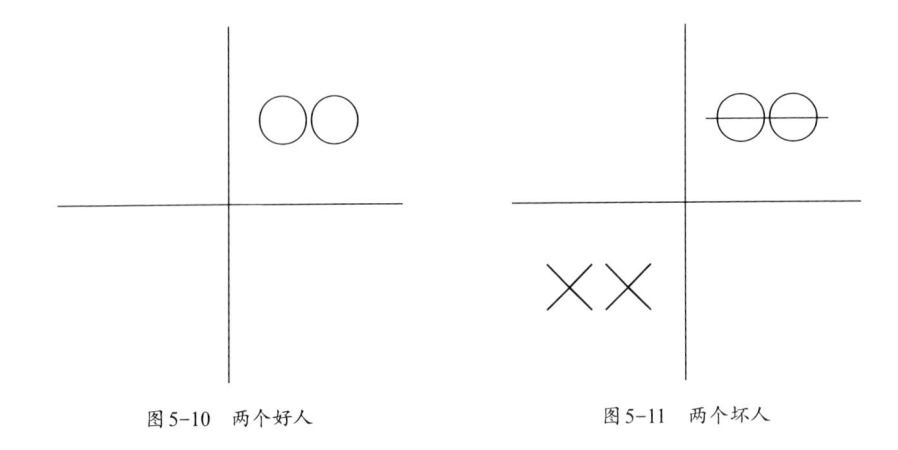

图 5-10　两个好人　　　　　　　　图 5-11　两个坏人

他同样毫不犹豫地回答："也不好，这样管理太紧太严，大家会吃不消。有话不敢讲，沟通不可能畅通。"

"可见你是一个明白事理的人。现在第一象限和第三象限都不成立，只剩下第二象限和第四象限，不是我当好人你做坏人，便是我做坏人你当好人（如图5-12所示）。现在这样好了，你当好人，让我来做坏人，你看怎么样？"

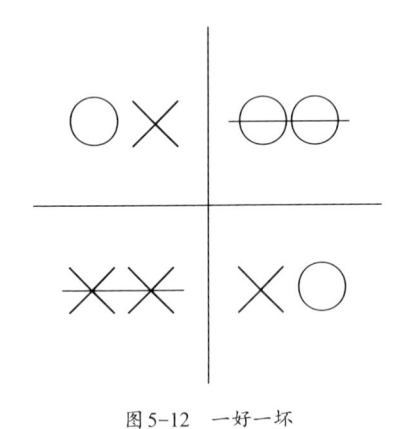

图 5-12　一好一坏

他听完之后，立刻回答："不要，不要。还是你当好人，我做坏人比较好。"

这位一直不服气的二级主管终于明白"好人难当，坏人好做"的道理，心甘情愿地继续扮演"坏人"的角色。好人难当，因为高阶要有一套当好人的本领，使干部能够长期地充当坏人而不觉得痛苦，即善于收拾场面，使干部不致遭受误解，甚至受到恶意的打击。坏人好做，因为"破坏终归比较容易，事后的建设才是困难重重"，干部依法执行，上级及时善后，这才是最佳拍档。

中坚干部的处境，不外乎"上压、下顶、左攻、右挤"，如图5-13所示。有些人抱怨高阶的压、基层的顶，以及平行的攻挤，弄得自己情绪不好、无心办事。这种怨责也属于不三不四的情绪反应，根本无济于事。

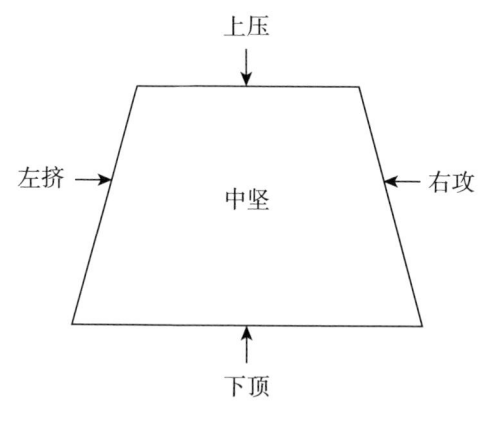

图5-13 中坚的处境

中坚干部要想做好工作，心理预期首先要有调整，因为上压、下顶、左攻、右挤都是十分自然的现象，抱持"本来就这样，有什么稀奇"的心态，自然心平气和，能够合理地因应。

上压，上为什么要压？想想看，站在上面的人，如果不用力向下踩压，怎么知道下面紧密不紧密？可见高阶催促、质问、施压，目的在于了解中坚有没有尽力、能不能确保成果与品质。

下顶，下为什么要顶？理由十分简单：他如果不顶，迟早会被上面"压死"。中国人很会"哼哼唧唧"，有一点病痛，就会呼叫老半天。上级交代下属做一些事情，下属往往叫苦连天。其实会呼叫的反而不会死，这种呼叫乃是一种"预警"。

一位下属，当主管交给他工作时丝毫不知叫苦，主管心里必然认定他的工作负荷还轻，于是再找一件工作给他；这时下属依然不知叫苦，主管再次交办工作，才发现他没有来上班，住院治疗去了。主管带着鲜花、奶粉去医院探望他，多半会埋怨他："你为什么不吱声呢？我要是知道你已经够累，就不会一再增加你的工作负荷了！"

由此证明，身为中坚干部，不但不要埋怨基层员工做一点事情就叫苦连天，而且自己应该好好设置预警系统，做到"及时吱声"，才能够确保自身的安全。

事实上，每个人都需要有这样的预警系统。不过，"时"的掌握与调整十分重要：叫苦太早，就变成"狼来了"，弄得自己信用破产，有朝一日就算活活被累死也是活该；叫苦太迟，一发出声音，紧跟着就挂急诊，显然是和自己过不去。主管的心情、环境的变化，以及事情的缓急，都是考虑的要素，不能一成不变地依照固定的标准发出警报。

左右攻挤，也是理所当然。我们不是时常鼓吹竞争吗？口口声声说"竞争才能进步"，因此就无法避免平行单位的彼此攻挤。反过来想想，自己是不是也有意无意地攻挤同事呢？如果自己都免不了如此，又哪里怨得了别人？

中坚干部明白"上压、下顶、左攻、右挤"都是相当自然的状态，这时候再来设法改变，应该是比较容易的事。怎样改变呢？依据"目标管理"的精神，先设定改变的目标，分别为"上级对我赏识""下属对我谅解"，以及"平行单位乐于支援"。相信处在这种情况下的中坚干部必定称心如意，把工作做得更顺利、更有效，如图5-14所示。

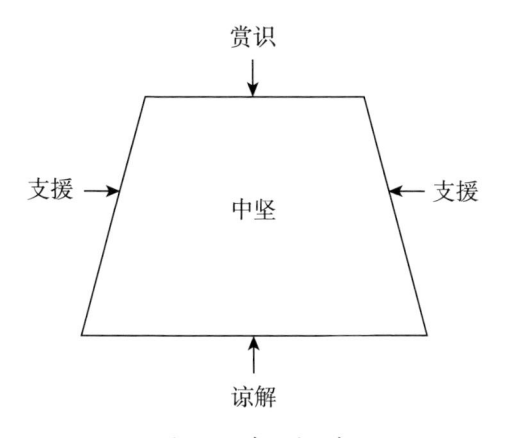

图 5-14 中坚的顺境

中国传统文化是重视阴阳的文化，有阴便有阳。高阶对中坚，可以施压，也可以赏识。中坚干部受到高阶的赏识，好像就能够适时解压，不再承受上级的压力。

领导者一看到某些中坚干部，马上追问、催促，甚至责问、挖苦，弄得中坚干部苦恼不堪。相反，领导者看到其他中坚干部，却笑容可掬，再三感谢，要他休息一下，不可以过度劳累。这不是"不公平"，而是"合理的不公平"，因为这些中坚干部够用心、够尽力，领导者除了表示慰勉之外，几乎没有什么好说的。

中坚干部要解除来自上方的压力，最好的办法便是修治自己、好好表现，得到领导者的赏识。

至于下属方面，我们也发现，在某些情况下，基层员工对中坚干部的反弹会减到最低，甚至出现"不顶"的现象。

中坚干部如何对待基层员工，才能使其"不顶"呢？有人认为如果基层员工口服心服，自然不顶，这种念头固然正确，却未免过于理想化，事实上很难做到。有人认为中坚干部要让基层员工敬佩，就可能不顶，这种情况也不容易实现，因为中国人不轻易敬佩他人。我们通常只佩服两种人：一种是外国人，一种是已经死掉的中国人。凡是活着的中国人，我们很难服气。中坚干部不太可能做到让下属敬佩，也用不着这样苛求自己。

一般说来，主管如果关心下属，尽力照顾他，下属就会觉得："虽然我的意见和你有一些出入，不过你平日这么照顾我，我当然不至于坚持自己的立场。无论如何，总该体谅你的立场和处境，尽力配合你，尽量照着你的意思去做。"

中坚干部赢得基层员工的"体谅"，不但比获得下属的"敬佩"要容易得多，而且对实际工作的帮助也更大。只要基层员工体谅中坚干部，"顶"的力量就会大幅度减弱。几番互动，基层员工知道顶与不顶并没有多大差别，自然就不顶了。

至于平行单位的支援，必须居于"平等互惠"的条件才能够成立。若是自己处处想占便宜，时时要求别人支援，却从来不支援别人，恐怕左攻右挤的局面不但会长期持续下去，而且攻挤的力量会越来越大。

中坚干部要想获得平行单位的支援，事实上要比赢得上级的赏识与下属的谅解更难。因为上下之间，彼此多少有一些顾忌，不敢做得太过分；而平行单位，大家一般大，谁怕谁？往往明争暗斗，令人伤神。

易理告诉我们，宇宙是一元的有机体，是一个动态的集合体。宇宙万象的中心点是太极，由太极延伸成线，线的两端即为两仪。由线交织而成东南西北四方的面，成为四象。有东西南北，便有东南、东北、西南、西北，四方四角构成完整的体，即八卦。八卦交互配合，推移演变，八八相乘，化成六十四卦，便是宇宙的动态集合体。集合体的生存有赖于动，而动的变化却不是固定的，《系辞上传》所说"刚柔相摩，八卦相荡"，意思是说：要用调节来获致平衡。

依据易理，中坚干部和高阶领导者、基层员工及平行单位的关系都是互动的，而且时时都在变动。今天获得高阶领导者的赏识，并不代表高阶领导者从此不再施压；已经得到基层员工的体谅，也不能保证基层员工从此不再抗拒或顶撞自己；平行单位互相支援，同样不表示彼此不再攻讦或挤压。

不三不四，正是中坚干部需要警惕与避免的困境。时时避免不三不四，以此为戒，自然能够在合理的运作中获得平衡。

基层员工养成勤劳务实习惯

基层员工依"地"道而行,最好按照坤卦的指示,养成良好的务实习惯。不但要让上级觉得自己靠得住,而且要随时提高警惕,及时发现异常状况,做出合理的因应。

坤卦由坤上☷、坤下☷两个符号构成,上面是"地",下面也是"地",所以叫作"坤为地"。

初六这一爻的爻辞:"履霜,坚冰至。"意思是说:当我们的脚踩到地面上的霜时,就应该警觉,坚冰的季节很快要来临了。

《象传》说:"履霜坚冰,阴始凝也。驯致其道,至坚冰也。"驯的意思,相当于渐次。阴寒的气刚刚开始凝结成霜,渐次发展起来,势必逐渐演进到坚冰的阶段。

这种自然的现象,我们要把它所象征的道理应用到人事上面。对于这种防微杜渐的道理,基层员工至少要妥善应用到下述三方面。

第一，上级交办违法的事情，最好提高警惕，予以杜绝。但是在技巧上，应该避免一般人常犯的毛病：马上把它揭发出来，往往会伤害上级，也妨害了自己的前程。

接奉上级交办违法的工作，就必须提醒自己："我已经踩到霜了，寒冷的坚冰很快就会来临。"只要自己昧着良心，把这一件违法的工作做好，上级以后就可能把所有违法的事情都集中指派给你，直至把你送入冰冷的牢狱。

上级交办违反法令规定的事宜，下属应该如何因应呢？有人也许会理直气壮地说："当然应该把它抖出来啦！身为上级，居然存心违法，而且指使下属去做，人人得而诛之。"现在有些人动辄公开有关者的名单，实在是"以小人之心度君子之腹"，处处把人家当成大坏蛋。

请问：上级交办违法工作，难道只有"存心"，而不可能"无意"吗？上级存心交办违法的工作，固然十分可恶，万一他纯属无意，只是不清楚有无违法，那就真的无可谅解吗？为什么当下属的一开始就不相信上级，非立即把他置于死地不可呢？

阴阳文化，有阴即有阳。我们绝不否认有存心叫下属违法的上级，但是也应深信更多是无意中令下属违法的。

接奉违法任务的下属，当然要警觉，否则将来害死自己，谁也救不了。不过，因应的态度，最好是"不要做，也不要说"。

不要做，千万不可以做，做了，不但害自己，而且还会连累上级。这种唯命是从的下属，有一天会成为上级最痛恨的"不负责任者"："叫他这样做，他就真的这样做，为什么不查查法令？为什么不动动脑筋？算我倒霉，竟然遇上这样的下属！"

那为什么不要说呢？因为一说出来，可能产生两种恶果：一是上级的上级原本有意修理他，正好趁机将他"治罪"，说的人就成为被人利用的工具；二是上级原本可能存心如此，这时候可以改口说他不清楚法令。他到处诉苦："他是承办人员，最清楚法令规章，如果违法应该告诉我，我就会下令停办。没想到人心这么坏，在我面前唯唯诺诺，背后却造谣生事，一心想要害死我。"只要上级人际关系良好，他没有事，说的人以后的日子将十分难过。而且别人听了，也会提高警惕，尽量不用这种卖主求荣的下属。所以一旦说出后，将来的升迁真是比登天还要难。

现在有些领导者，鼓励下属尽量揭发上级的错处。这种勇士精神固然可以吓阻上级为非作歹，却也驱使上级更加谨慎，延长推、拖、拉的时间，并把责任分摊在专家学者或项目顾问身上。各种研讨会、听证会的召开，大多用意在此。

下属不做，上级当然会问："那件事办得如何？"这时答以"正在找法令依据"，看上级怎样指示。

他说："没有法令依据，是不能办的。"证明他纯属无意。如果他仍指示："不管有没有法令依据，照办就是！"表示他真的有意，那就更加不要去做。上级不再追问，大家不了了之，他以后不敢把不法任务交给你，已经收到"履霜，坚冰至"的效果；上级要施压，总有一天事情闹开来，大家会明白真相。

第二，自己发现异常现象，也必须警觉，合理因应。任何工作都有其规范，事先仔细了解，有问题请教资深员工。对于工作中的正常和异常状态，应该了然于心。一切正常，按部就班去做；发现异常现象，马上思考"是不是在自己的责任范围之内"，确定"自己有没有把握调整过来"。如果答案都是肯定的，就赶快去处置；若是前者肯定而后者否定，就要请求先进同仁援助，在他的指导下进行调整。

异常现象不在自己的责任范围内，千万不要擅自做主，这时候请示上级，向主管报告，是比较正确的方式。不报告是自己"失职"，报告后配合上级的指示，乃是共同负责的做法。

最要紧的，在于"不可以隐瞒异常现象"，因为"履霜，坚冰至"，发现有异常现象，如不及时调整，不久事态扩大，就难以补救了。

第三，自己有落后情况，应该主动要求接受训练，以免落伍。在工作过程当中，如果发现自己在若干情况下表现得技不如人，或者研判、分析得不够正确，以及反应得不够明快，最好明白"履霜，坚冰至"的启示，主动向上级要求接受相关的训练，提升自己的实力，才不致有朝一日成为"呆人"，自己痛苦，也增加公司的困扰。

六二爻辞："直方大，不习无不利。"如图5-15所示。直、方、大是地的本来面目。地所生的植物，都向上直长。地安静不动，犹如方形物体。地不但生长万物，而且容纳万物，可见其大。不习的意思是指"直方大必须出乎自然，不是勉强学来的，才见真诚"。而真诚的人，无往不利，所以说"不习无不利"。

《象传》说："六二之动，直以方也。不习无不利，地道光也。"六二具备坤道的"直方大"性质，动起来既直且方，能够无往而不利，主要是地道广大的缘故。"光"即广，地道光就是地道广大的意思。

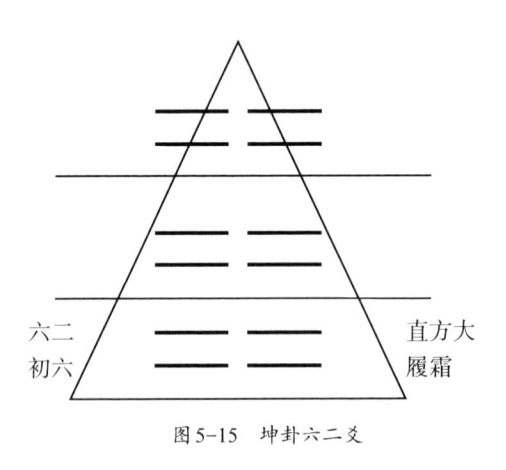

图5-15　坤卦六二爻

基层人员除了提高警惕外，必须秉持"直方大"的坤道，以"正直、安静、大度"的态度做好分内的工作。兹分别说明如下。

正直：基层人员最要紧的是"实实在在"，一切按照工作规范执行。凡事能即能，不能即不能；能就承诺，不能也应该明白地说出来，大家商量解决。执行上级命令时必须公正，切勿偏心。

安静：基层人员最怕话太多，处处想强出头。安静一些，先听清楚上级的话，有问题自己试一试、想一想，再提出来，终归比较贴切。处置事务也应该安静平实，不要慌张，才能尽力求合理。

大度：基层人员最好不要斤斤计较。多做多学习，一定对自己有利。一天到晚抱着"给多少钱做多少事"的小气念头，哪里有光明的前途？

基层人员正值人生的磨砺期，如果一切秉持正义刚直，而又把多做当作多学，必然像地道广大，无往而不利。

今日社会公权力的影响之所以不明显，主要在基层人员缺乏"直方大"的地道修养。同样一条法令，如果执行起来任意变更，以致参差不齐，有时这样、有时那样，有人宽松、有人严紧，请问公信力如何建立？基层人员不直不方不大，公权力的影响怎么明显得起来？

六三爻辞："含章可贞，或从王事，无成有终。""含"为包含，指内在的修养。"章"是美的意思，"含章"即内在美。贞为正，一个人内方外圆，外顺而内正，便是具有内在正气，称得上正直了。正直的人处理公务，不可自作主张，必须服从命令。"无成"指不可自作主张，"有终"为奉行命令。下属最好能够做到"下属有劳，主管有功"，把功归给上级，自己无成，是比较有利的态度。

基层人员在"履霜、直方大"之外，如果能够拿"含章可贞，无成有终"作为努力的目标，自然有晋升为中坚干部的机会。

一个人晋升的机会，分析起来，不外乎下述三种。

第一，尽量彰显自己的功劳，使主管的上级觉得自己的才能在主管之上，因而当主管的上级对他不满意时，就可能把他撤换掉，同时晋升"我"为主管。

这种机会不是没有，但是一辈子大概只有一次，而且一旦主管受害的事实张扬出去，大家对"我"避之不及，将来还有谁敢重用"我"这种人？恶名远播的结果，是这辈子再也找不到愿意关照自己的上级。

第二，尽量彰显自己的功劳，却不愿意取代自己的主管，因此在适当机会，自己获得晋升之后与原来的主管平起平坐。这样做机会相当多，但是因为他毕竟是自己过去的主管，不尊重他不行，所以很难敢放手去做事。

第三，尽量把自己的功劳归于主管。他功业显著，获得上级的器重，一有机会就晋升上去，这时他的第一愿望，当然是把"我"也带上去。

这种情况实在是上上策。因为主管心里明白：他之所以快速晋升，主要是我的功劳。他当然希望将来再次获得晋升，为了好好表现，而又不必担心让下属把他的功劳抢掉，第一个念头自然就是把"我"这个幕后功臣继续延揽重用。

事实上，下属要抢上级的功劳，往往不得善终，不如大度一些，干脆把功劳让给上级。他心里有数，反过来照顾下属，岂非两全其美！

《象传》说："含章可贞，以时发也，或从王事，知光大也。""以时发也"的意思是待命而动，"知光大也"即智虑深远。基层人员能够待命而动，而且智虑深远，谨守"无成有终"的分寸，那么获得上级的赏识、晋升为中坚干部，当然是指日可待了。

管理者的第32课

有志从事管理工作的人，最好早养成良好的习惯，把自己的功劳推给上级。因为功劳是推让出来的，大家让来让去，人人都有功劳，而过失刚好相反，是抢出来的，大家抢来抢去，过失才会水落石出。身为下属，懂得把功劳让给上级，必然有前途。身为主管，知道把过失往自己的身上揽，下属自然比较敢认错。功劳让给上级，因为下属根本争不过上级。过失留给自己，因为这样比较容易引蛇出洞，促使下属把过失检讨出来，以利改善。

管理便是三阶层合理配合

大易告诉我们，把自然界的现象应用在人事方面，便是顺乎自然，可以收获密切配合的效果。天、人、地的自然契合用在组织上，即为三阶层的整体配合，能够产生强有效的组织力。

高阶管理者居于天位，古代帝王称为天子，表示只有他可以代表天道。西方人认为君权神授，是神本位的说法；我们认为帝王的权力必须合乎天道，是人本位的主张。

天无言，从来不发表什么意见。高阶管理者作为天的代言人，如果不能仿效天的无言，必定多言招祸，搞得大家不得安宁。孔子赞美尧帝是一位伟大的君王，曾经说过："惟天为大，惟尧则之。"意思是说天最伟大，而尧帝做人就像天那样，恩德广远，功业高大。高阶管理者能够蓄德，组织的发展必然顺适。大畜卦的道理，是高阶管理者必须遵循的。

大畜卦乾下艮上，如图5-16所示。

```
山 ☷ 艮
天 ☰ 乾
```

图 5-16　大畜卦

表面上看起来，是山压在天的上面。天十分刚健，哪里是山的力量所能够压制住的？就算能够止于一时，终究会导致整体的崩溃。所以"大畜"的用意，在提醒居上位的高阶管理者，对于有才能的贤士，不能够压制、冷冻，使其有志难伸而冒险，反而会制造很大的不安。最好的方式是加以合理的尊重，使其获得施展抱负的机会。这样，一方面可以巩固领导中心的力量，另一方面则减弱可能反叛的企图。组织的创建与发展，都需要贤能的人士。高阶管理者必须善体天意，让贤能的人士有合适的表现机会，才不致酿成灾难。就算有意外的灾祸，也能够获得消弭。

"大畜"的主旨在"施德于天下"。"畜"字当作涵养解释，意思是高阶管理者必须具备良好的涵养，能够将庞大的天体"畜"在怀中，可见胸襟是多么宽广。容许大家表现，欣赏各人的才能，才是用人之道。

中坚干部要重视比卦，促使组织上下亲和协调，自己的立业、建功才能够无往而不利。

比卦坤下坎上，如图 5-17 所示。

```
水 ☵ 坎
地 ☷ 坤
```

图 5-17　比卦

孔子说："君子周而不比，小人比而不周。"比和周一样，都是亲密的意思，但是合理的亲密叫作周，不合理的称为比。比是小人的勾当，君子是不比的。比卦六爻，只有一爻是阳爻，其余五爻都是阴爻。这唯一的阳爻代表高阶管理者，五阴爻则是干部和员工。比卦的要旨，并不在君子和小人的区别，而在说明志士择主而事的道理。

干部和员工，基本上都应该择主而事。但是实际上员工和高阶管理者的接触机会并不多，对于高阶管理者的了解大多是通过干部。所以择主而事应该是干部的主要态度。员工只要看干部能不能真诚拥戴高阶管理者，便可以决定自己是不是应该尽心尽力。

现代社会，不但老板选择干部，干部也应当选择老板。站在干部的立场，所选择的老板必须具有宽宏的气量、永恒不变的志节、高尚的德行，然后才能够放心地追随。

如果缺乏宽宏的气量，势必有一天会造成"功高震主"而被"杀害"的惨局，因此不如小心为上，不敢尽力而为；若是不能永恒不变，说不定什么时候就会半途而废，把公司卖掉了，连自己也被一并出售，岂不可悲？如果缺乏高尚的德行，那么企业的经营不可能久远，为什么要把自己的宝贵时间浪费在这里？

既然是自己所选的老板，当然应该乐与亲比，也就是必须尽心尽力地辅佐。否则观望徘徊，时机一过，有志难伸，岂不是自己倒霉？

师卦和比卦一样，都是一阳五阴，只是这里的阳爻并不代表高阶管理者，而是基层主管的象征。身为基层主管，必须发号施令，使员工协同一致地行动。坎下坤上，正好是比卦的颠倒，如图5-18所示。

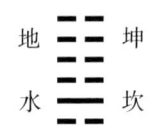

地　☷　坤
水　☵　坎

图5-18　师卦

师的意思是师法和师长，在这里则为师役。基层员工是行动部队，有行军作战的味道，不像中坚干部，经常动动嘴巴好像任务就完成了。中坚干部口头传达命令之后，基层员工要用行动去落实。基层员工的行动有赖于基层主管的正确指导。师法和师长也跟着师役而逐渐凸显出来。

师法的意思是，坤为员工，坎为法律规范，基层员工的行动必须遵守工作规范，否则所产出的劳务或产品都将不符合品质要求，实在十分危险。

师长的用意，是基层主管必须在工作过程中当员工的人师、军师、教师和技师。基层团队通常比较讲求义气，基层主管能不能在这方面成为大家的表率，成为人师，是团队是否有力量的关键。集体行动，需要强有力的领导统御，军师的角色也至关重要。员工的为人处世之法与专业技术都有赖于基层主管的随时指导，所以基层主管既为教师，又是技师。

同样一阳五阴，如果这一阳居于最高位，那就成为剥卦，如图5-19所示。

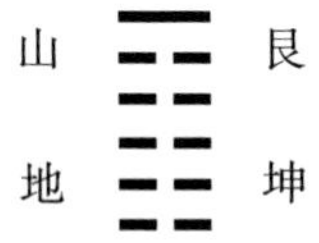

山　艮
地　坤

图5-19　剥卦

"剥"的意思是剥落，表示小人道长、君子道消的不良现象。当组织凡事都等待董事长裁决的时候，整个公司，自总经理以下，全都无能为力，那就表明这家公司的没落已经近在眼前了。

如果公司不幸面对这种情况，最好尽速改组，让这位专制的董事长早日退职，想办法招进一批生力军，形成复卦的景象（如图5-20所示），才有可能恢复生机。

地 ☷ 坤
雷 ☳ 震

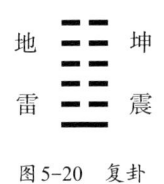

图 5-20　复卦

复卦是剥卦的颠倒，由五阴居下、一阳居上转变为五阴居上、一阳居下——表示组织获得生力军的加入，犹如朝阳一般，前途必将愈来愈光明。

如果以中坚干部为主，那就形成豫卦或谦卦。豫卦坤下震上，如图5-21所示。

雷 ☳ 震
地 ☷ 坤

图 5-21　豫卦

各部门经理都有良好的表现，上可以令高阶放心，下能够使基层热心，自己当然称心愉快，只要不功高震主，自然可以上下同心。谦卦艮下坤上，如图5-22所示。科长级主管表现非常好，对经理难免构成威胁，所以不能志得意满，而应该格外谦虚，尽可能把功劳归于经理，才能够安心地全力以赴。

地 ☷ 坤
山 ☶ 艮

图 5-22　谦卦

第六章

刚柔的互补

依我们中国人的传统观点，阴阳原本是合一的。阳含有阴，而阴也含有阳，不论阳还是阴，都和太极一样，含有阳与阴的成分，所以阳或阴各为一太极。

世间有刚有柔，倘若彼此各走极端，那就很不容易配合。不如彼此互补，可以获得刚柔并济的效果。

上司刚，自己也刚，有时会因过分硬碰硬而产生矛盾，甚至因刚得过火而决裂。上司刚，自己柔一些，是否比较容易相处，下属的日子也好过一些？

当下属的，为什么一定要配合上司？因为缺乏上司的支持，下属有再好的点子也很难实现。我们绝对不可以存心讨好上司，用不着拍马屁、做"应声虫"，但是和上司相处得好，得到他的赏识和支持，却是不可或缺的条件。我们必须常常提醒自己："先做好下属，才有本钱当好主管。"下属都当不好，不能获得上司的支持和爱护，请问有什么能力来照顾自己的下属？下属都做不好，当然无法做一个好主管。

主管依"乾"卦而行，下属顺"坤"卦而为。上司公正廉明，下属就应该全力配合。

扩大来说，组织内各阶层，最好上下之间都能够注意刚柔的配合。一刚一柔，力求上下两阶层之间能合理因应。

每一个人的个性，事实上都刚中含柔，或柔中带刚，不要总说"我就是这个脾气，看你能不能接受"，而应该"看上司的个性，极力调整自己来配合他"。

我们的薪资当然不是上司给的，也不是公司发的，而是不折不扣由我们自己赚来的。我们可以不感激公司，也用不着感谢上司。但是，公司给我们提供工作的机会，上司给我们提供发挥的空间，我们就不能不心存感激。从这个方面看，我们当然要主动配合公司的要求，以及上司的习性。

刚柔是相对的，并非绝对，而且是能够调整的，并不是固定不变的。只要心中有数，知道自己应该怎样调整，配合我们的自主性和创造力，便有把握拿捏自己的刚柔，使其更好地发挥作用。世上无难事，只怕有心人，在这里最容易获得印证。

先做好下属再当好上司

任何人只要好好努力，大概都有机会晋升为主管。但是，要当好主管，必须先做好下属，这是天经地义的事。先把下属做好，将来晋升为主管，就能明辨是非，而且知道什么样的人才是真正的好下属。

乾、坤两卦，就形来看，乾☰象征气向上升的形，坤☷象征土向下坠的形。天高而性刚健，引申为上司；地卑而性柔顺，引申为下属。刚健主动，意指领导者；柔顺主静，正好是追随者。

坤卦六爻皆阴，是纯阴卦。坤者顺也，指坤具有柔顺的德行，上承于天以生成万物，好比下属以柔顺的内在美来配合上司，把工作做好。

下属对上司，是不是应该柔顺呢？答案是：看上司正或不正。上司正，当然要柔顺；上司不正，就不必柔顺。因为柔顺有好也有坏，并非一味顺从便是对的。

初六"履霜，坚冰至"，以及上六"龙战于野，其血玄黄"，都在告诫为人下属者，不可不提防阴恶的一面。

对所有下属而言，初六爻辞的"履霜，坚冰至"，实际是让上司适时有所警惕。因为恶毒的下属有如阴气初集，且刚刚凝结为霜，如果朝阳照射，很快就会融化。下属初萌恶念，上司就立即觉察，并稍加劝导，应该比较容易纠正。

历代皇帝，存心为害百姓的，实在少之又少；遭受奸臣欺蒙，看不清是非才为非作歹的，为数甚多。可见上司对下属，和下属对上司一样，都需要警惕于"履霜，坚冰至"：在对方稍现恶念之时，立即予以制止，以免积弊日深，最终"害死"自己。

下属过分柔顺，对上司的指示完全顺从，主管就必须警觉。因为有些下属善于利用顺从来讨好上司，使上司认为他十分配合，以至逐渐相信他。殊不知这种下属在获得上司信任之后，就会开始"耍大牌"或"显特权"，这时上司应该适时劝导制止，免生祸害。

六二"直方大，不习无不利"，意指为人下属，必须正直、安静、大度，并且养成习惯，才会无往而不利。

从另一个角度来看，上司考察下属，也要以"直方大"为标准来衡量。有些上司希望下属"报喜不报忧"，鼓励他不正直；或要求下属有话就说，因而使他们养成不能安静倾听的坏习惯；抑或处处要算得很清楚，使下属斤斤计较而不能敞开心胸。上司造成不直、不方、不大的气氛，就不可以指责下属表现得逾越本身应守的分寸。

现在有一种越来越严重的可怕现象：不待上司说完，下属马上发表一大堆意见，弄得上下常常争执、斗嘴，而难于沟通。上司鼓励有话直说，势必招来这种困境。下属最好安静地听完上司的话，以"直、方、大"的修养来回应，而不是想到什么就说什么。这样，上下之间才能圆满地沟通。

我参加某个会议，上司当主席，表达他的意见；有一位下属听罢，竟然说："这一点我不敢苟同。"可能这一位下属根本搞不清楚"不敢苟同"的真正意思，才使用如此强烈的措辞，但是上下不愉快，已经是无可挽回的事实。苟同和赞同一字之差，意义相去甚远。苟同含有同流合污的意思，赞同不过表示彼此看法相近，并无褒贬的含义。

下属的身份有高有低。初六和六二两爻是所有基层员工必具的基本修养，如果再晋升上去，成为中阶层下属，兼具主管与下属双重身份时，就要注意六三和六四的爻辞。

六三："含章可贞，或从王事，无成有终。"含章可以解释为才德兼优的人才，既能遵守法制，又能写出通顺的好文章；但是，尽管才德兼优，也应该谨守"无成有终"的信条，既不擅自做主，又能切实奉行命令，才算是尽责的下属。

六四："括囊，无咎无誉。"中坚干部的幕僚，最要紧的是守密。囊指口袋，口袋的开口处必须收紧，所装的物品才不致漏出来。身为上司的"心腹"，自然有许多人想来打听消息，如果不知"括囊"，不把自己的嘴巴封紧，不知要泄露多少机密。不守密，势必招来许多妒忌，对上司、对自己都十分不利。

无咎为无祸也无福，无誉指无功也无过。当下属当到这么重要的职位，必须谨言慎行，才能不受害。但是，由于谨言慎行，固然没有过失，却也没有功劳。虽然无祸，却也无福。

上司考察自己的下属，同样要依据"括囊，无咎无誉"的警语，看看自己的直属幕僚是否谨言慎行，如果别人对他们既无赞扬亦无怪责，那就可以放心了。

《象传》说："括囊无咎，慎不害也。"意思是人只有遵行"守口如瓶"的道理，才能够免于祸害。

守密原本是人人必具的修养，六四之所以特重"括囊"，乃是因为中坚干部经常要提出一些重大的计划，在领导者未裁决之前，最好不要张扬，甚至领导者裁示之后，也应该保守业务上的秘密。万一成为众所周知的"广播电台"，那就无人敢用了。

但从另外一个角度来分析，下属如果处处都要"括囊"，就表示不便公开的事务太多，有朝一日也势必身败名裂。

一般而言，如果中坚干部公正、清明，下属所保守的业务机密多半属于正当事务，当然无咎。若是中坚干部不正、不明，下属所守的秘密愈多，将来的下场愈难看。所以下属对自己的上司，同样应该慎选。良禽尚知择木而栖，何况有才有德的下属？

六五："黄裳元吉。"五是领导者的"位"，六五指领导者的幕僚。不论是幕僚长还是高级职员，都要想象自己身着黄色的衣裳，才能够吉祥顺利。

为什么特重"黄裳"呢？因为黄在五色之中，是一种中间色，既不像黑白那么相拒，也不如红蓝那么对抗。黄色和各种颜色都能够调和，象征幕僚长或高级职员应该广结善缘，与同仁相处融洽——这样，沟通、协调起来自然顺利。

《象传》说："黄裳元吉，文在中也。""文"和"纹"同义，五色俱备叫作"纹"。幕僚长或高级职员必须和各阶层的人员交往，有如位居各种颜色之中，如果能够明白自己"调和"的角色定位，处处求协调，那真是领导者莫大的福气。

管理者的第33课

上司和下属之间的关系，最好用乾和坤来模拟。乾的性质健而主动，象征上司处于领导地位；坤性质柔顺而主静，表示下属处于顺应的位置。这种依地位的高低来区分上司和下属的角色，其实并不符合人类心性的要求，因为下属也有刚健主动的一面，要长期柔顺恐怕很难做到，即使暂时不得已而屈服，也可能有机会就"造反"，以谋求翻身。所以上司必须考虑下属的处境，不能勉强其长期承受自己的阳刚，有时候也应该以大事小，让下属透一透阳刚的本性。做下属的，则应该以先做好下属才有可能成为好主管来自勉，不应该把自己的委曲求全当作一种不得已的忍耐。

组织难免有派系，但幕僚长却绝对不能承认有派系的存在。

幕僚长认定有派系，彼此的斗争势必更趋激烈。他只能说："有人说我们中间有一些意见不一致，我不敢否认；至于分成派系，我保证绝对不是事实，请大家不要相信这些流言。精诚团结，一向是我们的优良作风，以往是这样，以后也必然如此。"

领导者考核幕僚长或高级职员，以"调和"为第一要务，如果下属常常讲出惊人之语，恐怕会"凶多吉少"。

上六："龙战于野，其血玄黄。"坤卦自初至上皆阴，上六居坤卦的顶上，象征阴到极点。从初六开始结霜，逐渐寒冷，凝成坚冰，硬得像铁一般。阴极生阳，就像乾卦的亢龙。于是，坤卦的阴亢龙和乾卦的阳亢龙在野外大战，最后两败俱伤，流出天玄、地黄的血。

幕僚长或高级职员因受领导者的器重，不断抓权造势，总有一天会引起"功高震主"的疑惧。只要任何一方先出手，领导者和幕僚长就会出现一场恶战，不是领导者去职，便是幕僚长下台，而多半结局是两败俱伤。天色玄，地色黄，天引申为领导者，地引申为幕僚长或高级职员。"其血玄黄"，证明两人都在流血。

《象传》说："龙战于野，其道穷也。"领导者和幕僚长相斗，绝不像基层或中阶层下属相争那么容易解决。愈接近领导者，知道的秘密愈多。领导者不出手则已，一出手多半要他的命。

看完六爻的爻辞，回头再看坤卦的卦辞："元亨，利牝马之贞。""元"是始，"亨"为通。一开始就要保持畅通，叫作"元亨"。坤卦纯阴，阴气一开始就要畅通，必须利牝马之贞。牝马性情柔顺，能引重致远，下属学习牝马的精神，必能自始至终顺利而通达。

爻辞接着说："君子有攸往，先迷后得，主利。"君子指优秀的下属，能体会坤卦的道理，选择正当的途径，便是"有攸往"，亦即"有所行动"。"迷"指失，当下属的如果没有得到上司的许可就擅自做主，显然是一种过失，下属能够"不失责"也"不越权"，就能获得上司的信任。下属得到上司信任，即为有利，所以说"后得，主利"。

就算组织内已经有明确的分工，也有些事要得到上司的许可才能够据以实施。下属应该自动自发，但要严守在责任范围之内。擅自做主，未获得上司同意就有所行动，无论如何总归是迷失的举动，不能令上司放心。

爻辞又说："西南得朋，东北丧朋，安贞吉。"依后天八卦的方位，如图6-1所示，以震卦为正东，坤在西南，旁边的兑和离都属阴卦，所以容易交成朋友。至于东北方的艮，以及两旁的震和坎，都属阳卦，坤如果和它们交往，难免丧朋失类。但是，得朋不贞不吉，丧朋既贞又吉，意思是说为人下属，固然应该柔顺，却应该有正直的行为，才能贞吉。若是表面柔顺，行为却十分阴险，那就不贞不吉了。顺正，不顺不正，应该是下属的第一"戒律"。

图6-1 后天八卦

综观坤卦的启示，归纳下述三要点，应成为各阶层下属共同的规约。

（1）柔顺看起来不如刚强那么强硬，耐力上却有过之而无不及。柔能克刚，下属在静止时，直方而大，相当服从上司的命令；但是，上司的命令如果不合理，或者有违法的倾向，下属应该像水涌起波涛一般，以强硬的态度来拒绝，绝对不向威权妥协。

（2）下属盲目顺从行为不正当的上司，结果势必身败名裂，所以慎选上司，乃是下属确保无咎的不二法门。

（3）再能干的下属，如果锋芒毕露，造成功高震主的局面，那么功劳愈大，就会死得愈快。这样的结局，实际上是咎由自取，怨不得别人。谨守本分，好好表现，才是良好的下属。

乾卦的要领 主管要把握

《易经》共八八六十四卦，以乾为首。自初至上爻，都是"不断"（unbroken）的阳，象征阳气积成的天。既然如此，为什么不直接叫天卦，却名为乾？因为天是乾的形，而乾为天的用。天的谐音，有"颠"也有"健"。"颠"指至高无上，"健"即自强不息，至大至刚而又自强不息，所以定名为乾卦。

卦辞只有四个字：元、亨、利、贞。说明乾道具备这四种法则，而且循环不断。

各级主管都应该秉持这四种法则，把它当成做人做事的重要法门，兹说明如下。

元指开始。主管的一言一行，开始时必须十分谨慎，务求光明正大。一般人开始时没有考虑将来的后果，走一步算一步，因而粗疏、鲁莽，埋下许多难以预料的祸患，一旦爆发出来，后悔也来不及。

亨即畅达。主管能够慎始，有长远的打算，言行自然比较流畅而通达。无论对上、对下，还是和平级同事沟通，如果一开始就能够顾虑周到，预先设好目标，当然会有圆满的结果。

利是和谐。主管沟通、协调得畅达，大家配合得很愉快，一切工作都在和谐的气氛中推进，彼此和谐融洽，工作和人际关系都很如意，大家都有利。

贞为正固。主管在制订并执行各种计划和方案时，如果能够公正无私、端正不邪，而又正直不偏，那么工作的推进必然顺利，组织的运作也将十分稳固。

元亨利贞实在是主管自我控制的最佳法则：慎始、沟通、和谐、正固。这四个步骤循环往复，必然能成为不可多得的好主管。

管理者的第34课

元亨利贞四种法则，是管理者必备的宝贝。元的意思，是在开始时慎重地做好计划，然后按照预定的步骤持续不断地苦干实干，才能够获得预期的效果。"亨"字和"享"字相通，一方面奉献，另一方面享受，两者相辅相成，有投入才有产出。这时候务必追求正当的利益，才能够在稳固中精益求精。接着贞下起元，在稳固的基础上再次开始，依据元亨利贞的步骤恒久地进行，必能有所成就。

传统中国人把龙当作最具灵性的动物，主管效法龙的变化，分阶段调整自己的作为，才能够收到元亨利贞的效果。那么，怎样阶段性地调整呢？

先看初九爻辞："潜龙勿用。"刚刚接任主管时必先"潜"。一位有学识、有能力的主管，在没有摸清楚所处的环境时，最好不要胡乱表现。这时候依据"到一个陌生地方，先打听打听"的道理，做好"入境问俗"的工作。暂时"潜"一下，隐藏自己的能力，就算像龙一般能干，也要采取"勿用"的态度，不要表现自己的才能。

在动之前，先仿效潜龙伏处地下，具有消极和积极两方面的意义：消极方面，充分了解所处的环境后，再适当表现，可以避免许多无谓的伤害；积极方面，则在培养表现的实力，因为入境问俗，使大家容易接纳自己，可以减少抗拒的力量，从而增强自己的实力。

九二爻辞："见龙在田，利见大人。"见龙在田，指龙出现在地面，表示潜伏在地下的时期已经过去，应该好好表现，以免错失良机。主管上任之后，先摸清楚自己的单位具有什么特性，同仁能够接纳哪一类型的领导方式，衡量轻重、大小、缓急，列出表现的项目和优先次序，就可以开始燃烧新官上任的三把火，让大家刮目相看，知道主管确实有两把刷子。

从"潜"到"见"，是准备充分的表现，而不是盲目逞能。同样三把火，烧到大家都能够接受，并且用心配合，便属有效；若是烧到大家异口同声地抗拒，甚至引起众人的厌恶，那就可能反过来灼伤自己。因此从"潜"到"见"的时间最好由主管自己来把握。时机未成熟，暂且潜伏；一旦良机来到，就应当及时采取行动。

至于"利见大人"，有两种含义：一是主管表现得宜，自己的顶头上司十分欣赏，向上报告，领导者也很赏识自己，将来做什么事情领导者和顶头上司都比较乐于支持；二是表现的时候固然要符合下属的需求、环境的需要，更应该设法获得领导者的默许，以免弄巧成拙，越表现越倒霉，那就不是"利见大人"了。

这两种含义其实并不矛盾，它们都在告诫主管：上司是否支持自己，影响相当大。心中有上司的存在，表现起来，对自己比较有利。上司有好几层，当然以领导者为最要紧，体察领导者的指示，才能更好地表现。但是，这并不表示必须迎合或讨好上司，有时候尊重和诚恳更能博得领导者的肯定。

九三爻辞："君子终日乾乾，夕惕若厉，无咎。"九三是下卦的上爻，象征主管烧出"三把火"之后，小有成就。这时候主管最容易趾高气扬，认为自己既获得上级的支持，又赢得下属的配合，因而得意忘形。如果能够注意九三的启示，做到"终日乾乾，夕惕若厉"，才有可能平安地继续精进，而免于祸咎。"终日乾乾"的意思是"既然表现得好，引起上级的注意，得到下属的欢迎，就应该更加勤劳，思虑得更加周到"。"夕惕若厉"是说因为表现得好，难免招人嫉妒，所以要特别小心警惕反省。

为什么九二称领导者为大人，而这里却自称为君子呢？《易经》所称大人，常指德、才、位三方面都具备的人。领导者德、才、位兼具，称为大人；主管有才有德，位却不高，所以称为君子。

乾卦下卦三大爻，分别为"潜""见""惕"。对个人而言，初任主管时必须由"潜"开始，看好时机，做好准备才"见"，表现良好，更应该时时警"惕"，一方面防小人破坏，另一方面防自己放纵。唯有提高警觉，才能无咎，如图6-2所示。

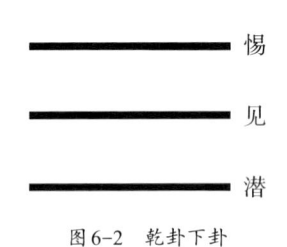

━━━━━━ 惕

━━━━━━ 见

━━━━━━ 潜

图6-2　乾卦下卦

九四爻辞："或跃在渊，无咎。"九四为上卦的初爻，意指主管的根基已经相当稳固，即将进入大成的阶段，如龙即将从深水中飞跃而上一般。下卦为主管的根基，上卦便是主管的大成。潜、见、惕的主管，根基稳固，如果终日警惕而不敢勇于跃进，就不可能有大成就。

根基筑好，如果再养成"临事而惧"的高度警觉性，便可以进一步"好谋而成"，把自己的本事逐一表现出来。"或跃在渊"这一句话，如果配合九五爻辞"飞龙在天"，合起来就成为"或跃在渊，或飞在天"，意思是：胸怀大志的主管，不可能因小有成就而满足，一定会由"临事而惧"进为"好谋而成"，抱持"成则飞上天，不成则坠入深渊"的决心，好好地表现一番。

事实上，"或跃在渊"指失败的一面，"或飞在天"指成功的一面。九四爻辞专讲失败的一面，便是希望主管深刻认识到失败的可能，因而尽量做好万全的准备，以期一飞而上，所以无咎。

九五爻辞："飞龙在天，利见大人。"主管有谋而成，一跃而飞上青天，这时应当有为有守，成为大家所利见的大人。这样才能维持长久的好景。

上九爻辞："亢龙有悔。"亢指高亢，就是高到了极限。九五的自由自在，如果发展到刚愎自用，就有高亢的危险。主管刚愎自用，难免有错误，有了错误再来后悔，已经很难挽回。

乾卦上卦三爻，分别为"跃""飞""亢"，如图6-3所示。时时警惕的主管，有了丰富的经验和万全的准备之后，必然会做出较大幅度的改变，抱着勇敢一"跃"的决心，果然"飞"上青天，获得良好的结果，这时就要守住本分，千万不要"功高震主"，以免"亢"龙有悔。

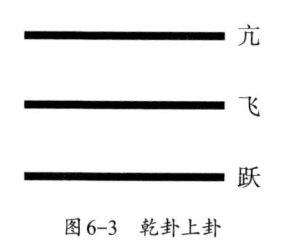

―――――― 亢

―――――― 飞

―――――― 跃

图6-3 乾卦上卦

管理者的第35课

乾卦六爻的爻辞，除了九三、九四之外，其余四爻都出现了龙字。龙被视为最高地位的灵物，用来象征人间的皇帝，所以六十四卦的第一卦用龙来描述是理所当然的。龙的现代解释，可以是君子，也可以是大人，管理者起码应该是品德修养良好的人士，才够资格谈论管理、从事管理的事务。

依组织阶层而言，乾卦三阶要旨如图6-4所示。基层主管重在"潜"和"见"，即身居基层，必须明白自己"所见不广""经验不多"，尽量"了解现场、现况"从而做出适当的表现。

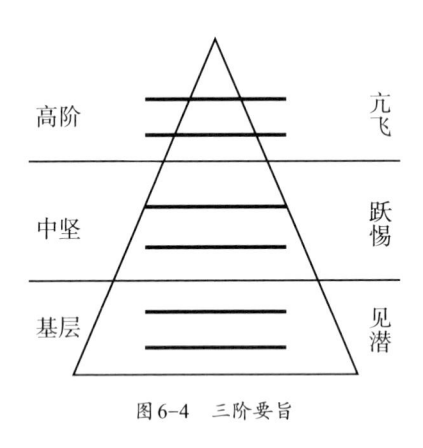

图6-4 三阶要旨

（金字塔图：高阶——亢飞；中坚——跃惕；基层——见潜）

中坚干部重在"惕"和"跃"。身为中坚干部，如果只专心体察上司的意思，疏于顾虑下属的处境，很容易流于"拍马逢迎"，为大家所鄙视。若是用心顾虑下属，却疏于体察上意，很容易引发上级的不满。唯有"惕"于"上压""下顶"的困窘，才能够有备无患地趁势一跃，终于晋升为高阶主管。

高阶主管，则以"飞""亢"为重。飞固然可喜，亢就必定有悔，实在不能不慎。

乾卦除了六爻爻辞，还对全卦附加了一条警语，叫作"用九，见群龙无首，吉"。

九指阳，用九就是"用阳刚的精神奋斗不懈"。但是，用阳刚的精神来奋斗，却不必用阳刚的态度来领导，因为主管的要领在"使下属发挥能力"，目标在"总动员"。如果主管本身刚健，处处要胜过下属，不但不能正确用人，而且也很难领导人。王弼当年悟出这种道理，告诉我们乾道贵在无首。韩非子主张君主有智慧也不谋虑，使万物呈现他们的本分；有才能也不施展，以观察干部治事的准绳；有勇气也不激奋，使干部发挥他们的勇力，认为主管不用智慧却更具聪睿，不用才能却更为有效，不用勇气却更加强劲，都是在描述"无首"的境界。

见群龙的意思，是指领导者胸襟恢宏，能容纳群贤，并让他们充分发挥才能；无首是不敢专制独裁，刚愎自用，却能够谦恭、礼让，使大家同心合力，发挥团队的最大力量。这样一来，大家乐于尽力，自然吉顺。

综观乾卦的含义，主管处理任何事宜，实在都应该依据"潜、见、惕、跃、飞、亢"的道理，循序渐进，以求合理而有效。

除非十分紧急，否则不要马上说出自己的意见，先"潜"一下，看看大家有什么好办法；等到沟通得差不多了，就让最合适的人去表现。然后以警惕的态度持续追踪改善；获得成果后，又把后遗症减到最低限度，这才放心地向外推广。如果一跃而得到大家的赞赏，有如飞龙在天，就应该更加谦虚，切勿高亢，以免功高震主。

能隐即隐，该现才现。一般人能现不能隐，"待时"的修养不足，常常不现则已，一现就引人妒忌，遭人打击，因而怨天尤人。

越有能力的人，越明白"唯有表现到众人能够接纳的地步，才有继续表现的可能"。孔子说的"人不知而不愠"，便是"隐居待时"的必要条件。

各阶层要注意刚柔配合

《易经》乾卦在六爻之外，附加一条意见，为"用九，见群龙无首，吉"，提醒担任主管者必须容人、用人，使贤人聚集而小人离开，发挥群策群力的作用。

但是，这并不表示每一阶层的主管都不能用刚健的态度来管理。无首和有首相对，主要是对领导者而言：无首为吉，有首则可能凶。至于各阶层主管的领导作风，最好采取刚柔配合的方式，以求互补。

易气由下生，依照阳奇阴偶的次序相错，分别为初阳、二阴、三阳、四阴、五阳、上阴，其中初、三、五爻为阳位，二、四、上爻为阴位。位的阴阳是固定的，爻的阴阳则是变动的，所以叫作"爻实位虚"。

如果把组织分成董事长、总经理、经理、科长、班组长及作业员等六层，依次配合上、五、四、三、二、初六爻（如图6-5所示），按照理想的情况，应该是董事长、经理、班组长柔顺一些，而总经理、科长、作业员刚健一些。但是实际的情况变化多端，六十四卦所呈现的状态都可能产生。实际的爻变才是实的，理想的定位不过是虚的。但是，阳爻居初、三、五位，阴爻居二、四、上位，称为"正"，表示"得位"或"当位"。相反，阴爻居初、三、五位，阳爻居二、四、上位，即为"不正"，表示"失位"或"不当位"。

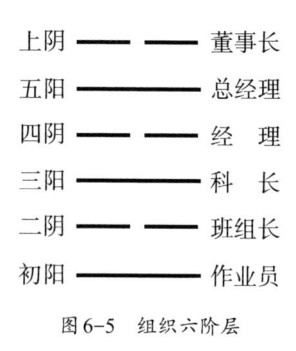

```
上阴 ━━  ━━  董事长
五阳 ━━━━━━  总经理
四阴 ━━  ━━  经  理
三阳 ━━━━━━  科  长
二阴 ━━  ━━  班组长
初阳 ━━━━━━  作业员
```

图 6-5　组织六阶层

譬如，某公司的作业员个个自动自发，符合初阳的精神；班组长用不着处处指挥、监督，便可以柔和地做好辅导与改进工作，这正好是二阴的表现。

由于班组长不必紧张忙碌地在现场奔走，科长在承上启下的时候，比较容易发挥刚健的魄力，快速有效地上情下达。这样一来，经理就可以柔和一些，有足够的弹性来承受总经理的压力。中阶层的三阳、四阴配合得十分恰当，即彼此都"正"，大家都"当位"。

经理有办法承受，总经理当然可以强硬一些；而董事长放心之余，便可以悠然地游走于内外之间，做好公共关系管理，掌握外界的情报。

倒过来看，董事长居"上阴"，放手让总经理去表现，才可能"五阳"当位，符合"用九，见群龙无首，吉"的道理。总经理刚健，各部门经理势必稍为柔顺，以免互相碰撞而冲突。

经理柔和，科长才敢表现得刚强。科长刚强，班组长才有柔和的可能。作业员在自由自主的气氛中自动自发，就做到了真正的自主管理。

这种初阳、二阴、三阳、四阴、五阳、上阴的情况，六爻都当位，构成一个

"既济"卦，如图6-6所示。

水 ☵ 坎
火 ☲ 离

图6-6 既济卦

六爻当位，未必善。既济固然表示成功，却也潜伏着某些危机。六爻不当位，也未必不善，要视当时的情况而论。每种情况都有其防患于未然的措施。

一卦六爻，如果分为上、下两卦，则与上、下卦相当的爻位，如初与四、二与五、三与上之间，都有互相感应的作用。《周易乾凿度》说，易气从下生，以下（初爻）为始，动于地之下（下卦的初位），则应于天之下（上卦的四位）；动于地之中（下卦的二位），则应于天之中（上卦的五位）；动于地之上（下卦的三位），则应于天之上（上卦的上位），如图6-7所示。

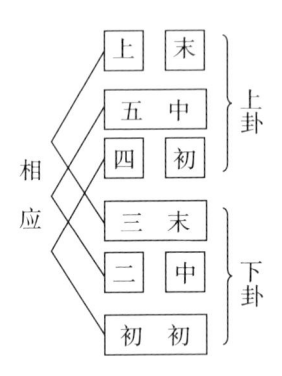

图6-7 职位的感应作用

初与四、二与五、三与上，若是呈现一阴一阳的状态，不论是初阳与四阴，还是初阴与四阳都是"相应"。倘若同是阴或同为阳，则是"不相应"或"敌应"。以家人卦为例，六二与九五相应，九三与上九不相应，如图6-8所示。

```
              家    人
                ┌─────────┐
         九五   │ ── ──   │风
    相    ├────┤         ├
    应    │    │ ─────── │
         六二   │ ── ──   │火
                │ ─────── │
                └─────────┘
```

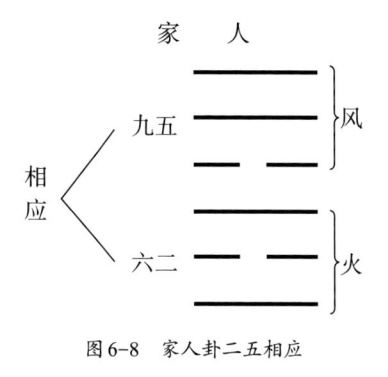

图6-8　家人卦二五相应

董事长与科长、总经理与班组长、经理与作业员，分别为一阴一阳，便是"相应"；彼此同为阴或同为阳，那就"不相应"，成为"敌应"了。

管理者的第36课

组织的阶层当然不限定在六个，可能多也可能少。但是，我们可以大致将其分成六个阶层，以便配合卦的六爻进行比对和分析。一卦六爻，初、三、五三爻为阳位，二、四、上三爻则为阴位。阳位之中，五爻在上卦的中位，所以总经理最高，成为经营阶层的核心人物。二爻位于下卦之中，表示班组长的任务十分艰巨，是作业阶层的中心人物。经理和科长位于全卦六爻之中，必须负起管理的全部责任。但是人的个性与习惯，有时候很难一下子调整过来，所以各阶层人员的当位或不当位会产生很多不同的组合，最好密切注意，做出合理的因应。

这三个关联之中，以二、五中爻的相应较为重要。例如，"家人"卦六二与九五相应，得其中正而吉。虽然九三与上九不相应，董事长刚健的作风，不能与科长刚强的魄力相呼应，却也没有什么大不了的害处。

家人卦中，董事长与总经理若同样是刚健的作风，看似违反"用九"的法则，但只要经理以下各阶层能够接纳，并且合理地因应，同样可以收到良好的管理效果。

一般而言，六五、九二相应的状态，常优于九五、六二，如"泰"和"否"、"比"和"临"。泰卦六五、九二，远比否卦九五、六二更佳。临卦六五、九二，亦较比卦九五、六二更有利，如图6-9所示。

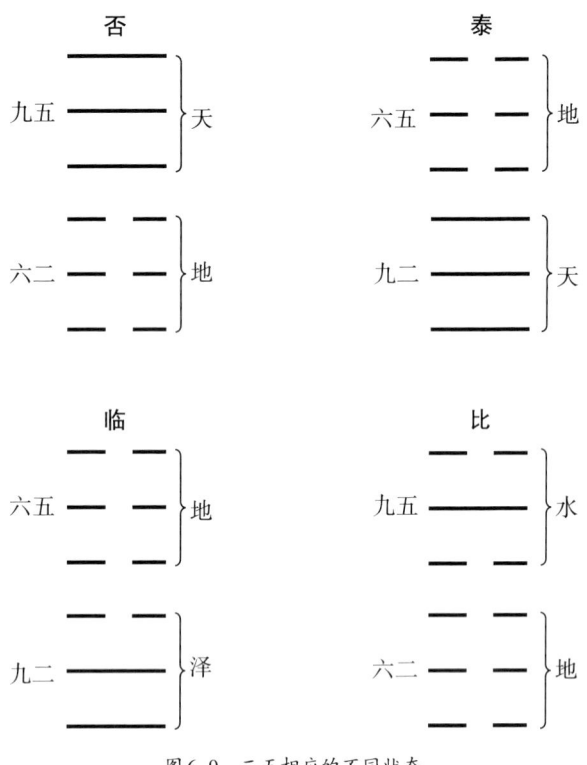

图6-9　二五相应的不同状态

《易经》六十四卦，有十六卦以九二应六五的，皆吉；另有十六卦以六二应九五的，不能皆吉。可见总经理刚健，固然很好；总经理柔顺一些，也有许多方式可以获得辅助。各级领导者的刚柔配合是变动的，因为人的个性不同，而且很难改变，所以各级管理者个性的配合会构成不同的状态，各有其适当的因应之道。

上下两爻之间的关系，有"承""乘""据"三种。"承"指阴爻处于阳爻之下，承助在上的阳爻，称为"阴承阳"，即"柔承受刚"的意思。阴承阳，阴爻在阳爻之下，是一种"顺而善"的状态。"乘"指阴爻在阳爻之上，乘凌在下的阳爻，称为"阴乘阳"，即"柔乘凌刚"的意思。阴乘阳，阴爻在阳爻之上，是一种"逆而劣"的状态。至于"据"，则指阳爻在阴爻之上，称为"阳据阴"，有善有不善，要看"得所据"或"不得所据"的状况，才能够加以判定。

承、乘、据代表相邻两个阶层主管的关系。通常的情况是，上司刚健一些、下属柔顺一些，承受得顺而善；上司柔顺一些，而下属刚健一些，似乎就乘凌得逆而劣。上司领导柔顺的下属，自己可以表现得更为刚健，成为阳据阴，如果据得合理，当然正吉。

全卦的中心在五爻，无论是初与四、二与五、三与上的"相应"，还是相邻两爻的"相比"（包括承、乘、据三种状态），都以对五的比应最为要紧。

组织应该以总经理为中心，所以各级管理者和总经理的关系相当重要。董事长代表所有权，总经理代表经营权，两者有所区分，但是分中有合，仍然需要相当程度的配合。

一卦之中，二与四同为阴位，二应五、四乘五的功能相同，但是二内四外，二远五、四近五的情况大不相同，兹说明如下。

（1）二以柔居下卦中位，阴居二位，为当位，与阳刚的五远远相应，常能得到上级的赞誉。班组长有本事使作业员自动自发地工作，而又将功劳归于总经理的英明领导，总经理就会放心地赞美班组长，这是"二多誉、五多功"的良好配合，如图6-10所示。

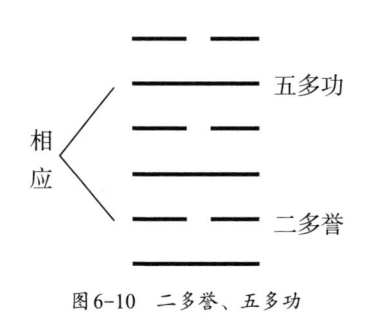

图6-10 二多誉、五多功

（2）四以柔居上卦初位，处于上卦之下，下卦之上，一方面上下无常，另一方面又逼近五位，伴君如伴虎，所以"四多惧"，如图6-11所示。经理有时候被尊为高阶主管，有时又被认定是中坚干部，因为职位过于接近总经理，所以稍不小心便有功高震主之嫌。

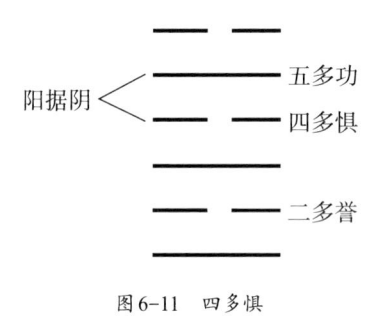

```
                  ━━━━━━
          ┌─ ━━━━━━  五多功
阳据阴 ──┤   ━━  ━━  四多惧
          └─ ━━━━━━
             ━━━━━━
             ━━  ━━  二多誉
```

图6-11　四多惧

（3）二居下卦，四为上卦。下为内、上为外，所以说二内四外。对五来说，阴柔利近不利远，阳刚利远不利近。同样是九五，六二距离较远，因此多誉；六四靠得很近，所以多惧。

六十四卦之中，有十六卦以六四承九五，由于具备顺从的美德，能够得到上级的支持，所以显得势顺。另外十六卦以九四上凌六五，有僭越之嫌，所以势逆而不顺。

三爻和四爻相似，都处于上下无常之际。三爻位居下卦之上，有时候被当作基层的"头"，好像必须负起基层的全部责任。总经理对部门经理不满，若是不好意思明说，就会拿科长出气，所以"三多凶"，如图6-12所示。

至于初爻和上爻，王弼认为"初未入局，上在事外"，初上二爻一般代表"初难知"而"上易知"，如图6-13所示。作业员究竟是自动奋发比较好，还是被动消极比较有利？这要看上司做事是否凭良心才能决定。作业员的表现受到许多因素的影响，因此究竟会产生什么后果，也属难知；同时，作业员的改变也较难掌握，必须用心衡量、细心调整。

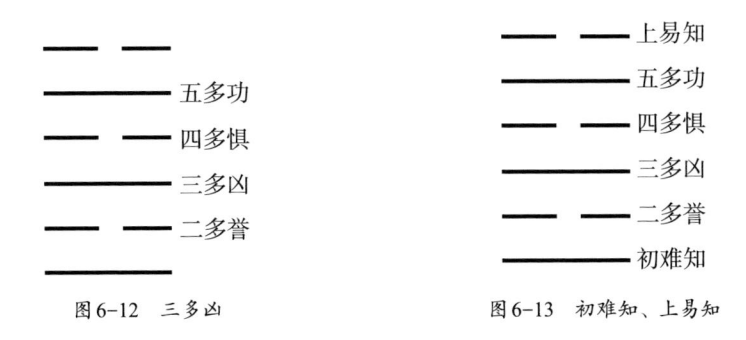

图6-12　三多凶

图6-13　初难知、上易知

上为什么易知呢？一个人当到董事长，大家相当注意他的一举一动，对于他的想法当然比较了解。

董事长的心思易为众人所知晓，所以必须深藏不露。总经理多功，需要谦虚、礼让，不能流于专制、独裁。部门经理多惧，由于身负部门的全部责任，又要配合总经理的指示，所以最好戒慎为之。科长承上启下，常常进退两难，应该用心寻求转化的技巧，以趋吉避凶。班组长容易获得上级的赞誉，要特别小心，以身教代替言教，使作业员充分发挥主观能动性。作业员应该明白自己前途未卜，不可以混日子、过一天是一天，必须依据合则留、不合则去的原则，慎择工作然后全力以赴。

综上所述，阳刚和阴柔并不是绝对的，一切要以合理为度；所处的爻位也不是绝对的，要以互相配合为宜。

阴柔的人，比较需要邻近的支持，所以利近不利远。总经理阴柔，部门经理就可以多表现，而科长应该多配合。阳刚的人，希望邻近柔顺，所以利远不利近。总经理阳刚，部门经理的表现最好委婉些，让班组长的表现显著些，大家都有好处。

六十四卦的组合，代表各种状态的各种搭配，各有特性，也各有其应当注意的事宜。董事长和作业员的刚柔，不如总经理、经理、科长和班组长之间的配合那么重要，而总经理的刚柔会影响到整体的运作。以总经理为中心，力求上下之间的刚柔配合，乃是管理有效的重要因素。

三阶层发扬儒道墨精神

我们已经明白：三画卦包括天地人三才。在上的那一爻，表示无形的能量，称为天道；在下的那一爻，表示有形的物质，称为地道；居中的那一爻，兼备有形的物质与无形的能量，称为人道。中华学术思想，远在春秋、战国时代，便已百家争鸣，其中主流的学术思想，除了儒、道两家外，墨家也十分重要。

1. 高阶最好发展来自《归藏易》的道家思想

道家思想以老子学说为主，而老学首重坤柔，实渊源于黄帝。老子所著《道德经》五千言，从头到尾都是在阐明易义。譬如第二十五章所说："有物混成，先天地生，寂兮寥兮，独立而不改，周行而不殆，可以为天下母，吾不知其名，字之曰道。"把道描写成空无所有、一片混沌，非言语可以形容，非物象可以比拟，仿佛伏羲氏一画开天之前的情况。但天地由此而开始，万物因此而产生，和《易传》所说的太极，在意义上十分相近。太极原本就是无名之名，表示最高的意思。

从时间看，是最初的创始；从空间说，又无处而不在，所以说"独立而不改，周行而不殆"。又如第四十二章所述："道生一，一生二，二生三，三生万物。"其对生生之道的说法，与易的宗旨"生生之谓易"完全吻合。"道生一"便是"易有太极"，而在一画之前必定有其出处，所以说"道生一"；"一生二"就是"太极生两仪"；"二生三"就是"两仪生四象，四象生八卦"，于是由八卦而分六十四卦，万物因之而生，所以说"三生万物"。对组织的高阶管理者来说，发扬道家思想符合天道的要求且恰如其分。

老子宗黄帝，以《归藏易》为主。《归藏易》以坤卦居首，六十四卦的第一卦是坤而不是乾，所以道家的精神比较侧重于坤，其要点有三，如下述。

（1）守静。乾主创发而动，坤主收成而静。高阶守静，干部才有机会创造、发展，最后依然把功劳归给高阶。干部的方向对不对？方法妥不妥？方式好不好？守静的高阶要稳定地冷眼旁观，加以无形的控制。

（2）尚柔。乾刚坤柔，因为乾是阳的动力，坤要顺乎乾阳以开化。譬如春雷振奋，便是乾刚；万物生长，即为坤柔。春雷之所以振奋，目的在于生长万物。换句话说，乾刚的目的便是坤柔。老子侧重于坤，所以尚柔。高阶层尚柔，不动辄乱发脾气，干部才敢有所作为。否则下属小心翼翼，什么话也不敢说、什么事也不敢做，岂不是典型的奴才？高阶尚柔，干部才敢创造、发展，对组织有很大的益处。

（3）无为。乾的象辞说："大哉乾元，万物资始，乃统天。"坤的象辞说："至哉坤元，万物资生，乃顺承天。"可见乾是积极的统摄，而坤只是消极的顺应。但是乾虽然积极地统摄，勤劳创作，对万物来说，不过是发端；而坤虽然消极地顺应，好像无所事事，却能使万物不断生长。换句话说，乾的成果表现于坤，老子侧重于坤，所以倡导无为，即顺应自然法则，没有成见。高阶无为，干部才能够无不为。

管理者的第 37 课

道家思想的主旨，在自然、虚静和柔弱。高阶如果过于重视名位和权势，便会引起更多的争端和腐败。这时候最好的方式，是把公心和公益放在前面，尽量不去想私人的利益，设法净化自己的心智，把贪念、心机和诡诈尽量减少或消除。无为并不是表面上什么都不做而暗地里什么都做。无为的要领，其实是不妄为。管理者秉持公心，自然符合天意。约束自己不要胡作非为，当然没有什么事情做不成。有些人把老子看成阴谋家，那是一种错误的见解，管理者千万不要有这样的看法。

我们曾经说过，高阶依天道而行，按理说应该以乾刚为主，为什么这里又说要坤柔呢？看起来好像前后矛盾，其实不然。高阶当然依天道，这里所说的坤，并不是三才之中的坤道，而是说坤的德行，取其虚静的意思。宇宙的生化重在乾坤的配合，位居天道，乾当然很重要，但是坤代有终，最后收成依然在坤。如果能够居天道却具备坤的德行，以收刚柔并济的功效，当然更为有利。

2. 中坚应该秉持来自《周易》的儒家思想

儒家以孔子集其大成，最主要在"祖述尧舜，宪章文武"。周文王演易，取法于"黄帝、尧、舜垂衣裳而天下治"，衣取象于乾，而裳取象于坤，所以周易以乾、坤为首。但是乾、坤两卦，除了二爻、五爻外，其他各爻的爻辞都含有警惕的意思。二爻居内卦（下卦）之中，五爻居外卦（上卦）之中。儒家依据居中为吉的原则，倡导"中庸"之道，其要点有三，简要说明如下。

（1）仁义。儒家所主张的仁义，源头在于震、兑两卦的卦象和性情。孔子心目中的仁范围很广，可以说是良好品德的总合。陈大齐先生认为仁由恭敬忠恕等品德集合而成，仁是总体，恭敬忠恕等是其成分。《中庸》说："仁者，人也。"意思是说人若有"合于仁"的理想，必须具备众德，缺一便不足以称为仁。义的意思是"不固而中"，一方面要求不固执，事情的可否固执，依事情的是否固定而定。事情固定，当然可以固执；事情不固定，那就不可以固执。孔子主张"无可无不可"，看起来摇摆不定，实际上是指言行没有一定的可，也没有一定的不可。可或不可，既然不是固定的，可与否便不能够固执，更进一步，则要求每次固执都必须合理。中坚干部如果做到"不固而中"，必然合仁合义；若是胡乱固执，不能合乎当时当地的理，便是不仁不义。

（2）伦常。儒家的伦常礼法，譬如尊卑有分、男女有别、长幼有序等，完全以《周易》的序卦为张本。由乾、坤至既济、未济，六十四卦的排列次序，具有尊卑上下的关系，也有阴阳老少的标准。儒家所倡导的道德规范，无论是诚意正心、修身齐家，还是格物致知乃至治国平天下，无一不来自《周易》的《大象》。孔子从宇宙法则引申出社会规范。中坚干部重在承上启下，因此伦常礼法当然是不可忽视的修养。

（3）时中。前面说二、五两爻居中为吉，并不表示中只是上下之间的一种固定位置。高怀民先生指出：中不是一个固定点。因为大易哲学认为宇宙万物是流行不息的，从来没有出现过任何固定不变的点，相信以后也永远不会出现。在万物流转中，合道便是中。譬如秤锤在秤杆上的移动，固然通常的情况下都是活动在轻重两极的中间，但如称最重的东西，它也会被放置在最重的一极；称很轻的物体时，它也必须放置在最轻的那一极。对于中坚干部，有时候懦怯也是"中"，如韩信忍受胯下之辱；有时候凶暴才是"中"，譬如为了维护商誉而坚决不接受污辱。中坚干部处理事情时，必须变通，在坚持原则的前提下做出合理的调整，便是时中的表现。

3. 基层最好发展来自《连山易》的墨家思想

墨子虽然受过儒家的教诲，但是倡导实利，以明大易的地道。墨家主张苦行节用，墨家思想的源头为《连山易》，它特别重视万有现象的消长，认为宇宙的发展是呈现波形的曲线，有好就有坏，有盛便有衰，有满足即有缺陷。《连山易》以艮卦为首，借山形的起伏连绵来形容万有现象的消长状态。其要点有三，简要说明如下。

（1）实利。墨家凡事求功利，以有无功利作为标准，来决定为或不为。墨子所说的利害，其实偏重于物质方面，并不重视精神享受，只求维持起码的生活，所以主张节用、节葬、非乐。基层员工从事实际生产或劳务，当然要讲求功利。

（2）兼爱。墨子认为社会秩序失调、盗贼四起、暴力横行等等乱象，莫不是人与人不能相爱之故，因此主张兼爱：爱所有的人，不能有遗漏，也不能有所排斥。兼爱到视人如己，使人我浑然一体，并且不受时、空的限制。因此，基层员工最好能够发挥兼爱的精神，破除本位主义，以求通力合作、协同一致。

（3）尚贤。墨子主张任用贤能的人，一方面设法增加贤人，另一方面则厚待贤人。贤或不贤，以服务的成绩为判断标准。既然任用贤人，大家就应该尚同，不能有太多的意见，贤人才能安心把事情做好。基层员工在尚贤和尚同的要求下才能够专心投入工作，减少纷争。

第七章 中坚最难为

企业界慨叹中坚干部难求，因为真正能够帮忙而且愿意帮忙的人，实在不多，反倒是"动不动就出卖老板""一不小心就欺上瞒下"的干部比比皆是。

中坚干部不容易培养，好不容易培养出来，又说走就走，怎能不令人痛心？索性不用心培养，有什么样的人，就让他成为什么样的干部，这样做却时常害惨了老板。这种两难究竟要如何兼顾才算合理呢？

首先，老板必须认清"中坚最难为"的事实，凡事给予相当的时间和空间，使干部能够"伸缩自如"，做好承上启下的枢纽，圆满完成任务。

"反三复四"乍听起来好像是反复无常，其实上下之间过分讲求层层节制，强调一层一层地往上呈报或向下传达，难免僵化而缺乏应变力。中坚干部的反三复四、不三不四及老三老四，都属于常见的现象，谁叫他们的位阶正好处于《易传》所说"三多凶、四多惧"的警戒点呢？

老板自己依易理而行，知道怎样选聘优秀的中坚干部，也有能力辨识优秀中坚干部正常的行为，让他们有效地发挥"做坏人"的精神，奠定老板自己"做好人"的基础，基层员工看在眼里，才会心甘情愿地"做憨人"，如图7-1所示。

中坚干部要自我激励，自动学习，把握重要的基本原则，时时反省，常常改进，以提升自己的实力。这样做，虽然难为，却大有可为。

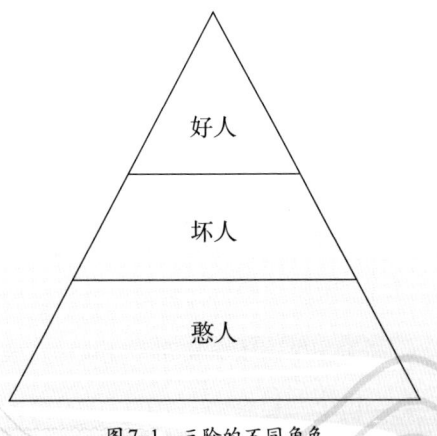

图7-1 三阶的不同角色

不容易找的优秀中坚干部

找不到合适的人才是老板共同的苦恼。人才难求，特别是如意的"中坚干部"，更为缺乏。

八卦原为三画卦，两两相重成为六画卦以后，每一卦都有六爻。由下而上，分别称为初爻、二爻、三爻、四爻、五爻及上爻。初爻和二爻在底下，象征"地"；三爻、四爻在中间，象征"人"；而五爻、上爻在顶上，象征"天"。"天""人""地"合起来，称为"三才"。

三才之中，"天"代表高阶，"地"代表基层，"人"居"天""地"之中，正好代表"中坚干部"。

高阶如果以董事长和总经理为代表，基层若用来指领班和作业员，那么自部门经理以下，到科长、主任，大多数都属于中坚干部。

人数虽然众多，但因他们共同拥有"三爻"和"四爻"的位置，一方面容易"不三不四"，另一方面也喜欢"老三老四"，有时候还需要"反三复四"，所以常常出现人才难求的困境。

不三不四的案例很多，几乎随手可得，最常见的有下列三类。

1. 出卖老板，讨好下属

按照三才分工的原则，老板实施天道。天从来不做坏人，不到最后关头，总是一副是非不明的样子。老板喜欢做好人，希望干部替他把关，扮演坏人的角色。换句话说，高阶以"情"为重，处处讲人情、充好人；中坚干部应该以"理"为重，把高阶的情调节到合理的地步。可是很多中坚干部却不接受这样的安排，硬要暗地里出卖老板来讨好下属。

例如，某甲为了替父亲做寿，向公司商量借车。老板向他道贺，同时说：借车的事情，可以找管理部商量，只要时间合适，应该没有问题。某甲向管理部申请，却因不合规定而被驳回。

某甲如果明白"老板做好人"是给他面子，属于"情"的范围；而管理部不准所请，不过是"干部做坏人"的戏码，属于"理"的范围，那么他就会高高兴兴地接受，自然不致怨天（怨责老板）而尤人（抱怨干部）。

若是管理部在驳回某甲的申请之前，问某甲"为什么提出这样的申请"，某甲回答"老板口头答应，只要时间合适就可以申请"，于是管理部告诉他："老板已经当面特别交代，但是调派上确实有困难，而且没有这种先例，要立新规又来不及。"希望他谅解管理部的苦衷。这种处理方式合乎人道的要求，双方面子都能兼顾。

但若管理部"扮鬼脸"，暗示某甲上当，为老板的假仁假义所蒙骗，或者干脆揭穿其真面目："嘴巴讲得好听，还不是他规定我们不准出借的。这种把戏我们看得多了，只有你才会受骗。"这看起来似乎是实话实说，实际上就叫"不三不四"。

管理者的第 38 课

老板的本意究竟如何，实在用不着干部费心猜测，因为他有时这样，有时那样，原本就是变动的，何必浪费时间去想这些不确定的事情呢？干部最好把老板的话都当作真的，只要自己合理因应，管他是真是假。老板答应某甲，却没有特别关照管理部，管理部便依据规定处理；若是特别关照，管理部就要以更加灵活的方式来处理，有困难时，可以向老板报告，商量出合理的对策。无论如何，干部出卖老板，终究是愧对职守！

不三不四的行为，不仅表现在讨好下属，而且可以扩大到讨好组织以外的人员。

客户向老板讨价还价，老板多半会说："尽量算到最低价格，大家是好朋友嘛！"用"情"来套牢客户。这时候中坚干部应该合理坚持，丝毫不能让步。

老板如果向客户说明：碰到这样"死硬派"的干部真是没有办法，甚至抱怨"有时候搞不清楚究竟谁是老板，居然样样要听干部的话"，干部也要心中有数，明白这不过是"天""人"的密切配合，合乎三才之道。天人合一，在这里表现在老板和干部同心协力，让客户有面子地接受合理的报价。

偏偏有些干部，觉得既然老板如此交代，不如顺从他的意思，因而降低价格，使老板心中十分不愉快。

干部随时可以出卖老板，但是受害的多半是自己。"人"对"天"的态度应是合理顺从，而不是盲目服从或存心叛逆。中坚干部对老板既不能够顶撞、抗拒，也不可以一味顺从、唯唯诺诺。

2. 讨好老板，压制下属

有些干部不出卖老板，反而处处讨好老板，牺牲下属的权益来满足老板的需求，同样是不三不四。

天时的变化，重视"阳动而进，阴动而退"，构成春耕冬藏的"圆道周流"。"人"和的法则，建立在顺天时以谋地利：一方面使地尽其利，另一方面也应该爱惜地力，使其长久有利，而不过度使用。

基层具有"地"道的坤德，干部却不顾"人"道，过分要求，"软土深掘"，往往不利于水土保持，终究有害于天地的配合，造成人为的灾害。

老板的决策正确，中坚干部应该服从并领导下属全力以赴；老板的决策不正确，中坚干部就应该据理力争，做出合理的坚持，适当地维护下属，重视基层员工的权益，乃是干部"人"道的表现。

自古以来，讨好老板的干部，便是下属心目中的"马屁精"，为众人所不齿。

服从和讨好的分野在"合理"，不合理的服从即为讨好。"人"生存于"天""地"之间，不得不"法天地"。干部来往于老板和员工之间，同样应该"承上启下"。人为天地之合，不能够取乾而遗坤；干部是老板和员工之间的桥梁，也不能为讨好老板而压制员工。

老板做出决定，干部马上提出很多理由来反对，并且相当坚持，非按照自己的意思改变不可。这种作风老板多半受不了，久而久之，彼此形同水火，逐渐对立。

老板作出决定，干部立即承诺遵照实施；下属有困难，干部再三勉强，既不让老板了解真实情况，又不给下属商量的余地，这种行为会造成老板越来越不明白基层员工的困境，决策越来越严苛，结果不但害惨了基层员工，也逼死了干部自己。

合理的方式是，老板作出决定，干部有把握的，立即表示服从；有困难的，口头答应"好，好"，然后赶快把真实状况再核查一番，尽快向上反映，使老板知难而退，或让其自行调整决策，彼此皆大欢喜。

老板如果不愿意"朝令夕改"，最好仿效天道，"天"从来不说话，用不着朝令夕改；让"人"去开口，才是正确的做法。

高明的老板，会让干部去发号施令，成功时证明自己领导有方，失败时还可以出面纠正。

干部先说，老板在后面加以调控，不算朝令夕改。老板自己先说，随后又自行改变，当然是朝令夕改。可见让干部先说，老板才能立于不败之地。

3. 欺上瞒下，粉饰太平

气候不正常，地壳有变动，人如果不关心，最后还不是自己倒霉？中坚干部若是存心欺上瞒下，实在不知道能混多久。

组织不大、成员不多的时候，上下彼此接近，不容易欺上瞒下。一旦组织扩大，彼此接触的机会不多，欺上瞒下的情况就会相当严重。

老板过分相信干部，造成干部欺上瞒下，这是老板的责任。天从来不明白指出哪些"人"是好人，却十分清楚歹人的行径，并给予合理的"报应"。老板不必公开判明干部的优劣，但是通过明察暗访，防止干部欺上瞒下，仍属必要。

由小信而大信，经过考验才能升职；赋予信任后，偶尔抽查，以提高干部的警惕心，可以减少欺上瞒下的行为。

中坚干部居"天""地"之间，天道尚"变"而地道"不变"。老板"变"，员工"不变"，干部夹在"变"与"不变"之间，一方面要掌握"变中之常"的制度，另一方面又要顺应"常中之变"的例外，常常弄得自己不三不四，因此不得不欺上瞒下，以求暂安或虚安。假如一时情急，欺上瞒下，马上设法补救，发挥"善补过"的精神，实在情有可原；若是一时情急，欺上瞒下，便认为己安人亦安，从此不管不问，那就罪不可赦了。

中坚干部希望摆脱"不三不四"的苦恼，唯有确实做到"不越权、不失责"及"知常用变，在法的范围内衡情论理"。越权指"不该做而做"，失责即"该做而未做"。越权必然惹怒老板，失责必会令老板痛心，结果都使自己"不三不四"。知常不知变，死守法规；知变不知常，容易投机取巧。只知守法而不顾情理，势必会把人都得罪了——无论如何，终究还是"不三不四"。

拿捏"不越权、不失责"相当不容易，一旦有把握，又会不知不觉地"老三老四"起来，可见"守分"也很困难。

对老板"老三老四"，就逐渐"功高震主"。刚开始老板能够忍受，觉得彼此有如兄弟，如此这般又何妨？一段时间以后，老板就会假以颜色，暗示干部最好收敛一些。干部"老三老四"惯了，看不出来，结果被"宰"，死得很惨，实在怨不得老板。

对待员工时的"老三老四"行为，包括指使员工多做分外工作、毫无忌惮地乱开玩笑、不加避讳地进行性骚扰，以及凭恃权势强行调整员工职位等。由于社会日趋民主、员工自我意识日渐高涨，干部必须有所控制，以免最后让自己下不来台。

最不容易戒除的，恐怕是同事之间的"老三老四"：彼此都是老板的心腹，干脆也结拜为义兄义弟，于是朋比为奸，渐至无恶不作。

同样是重要干部，工作确实尽心尽力，因而在气势上有恃无恐，在心理上爱怎么样就可以怎么样，在态度上一副老臣谋国重责在身的样子；在言谈上似乎我说的就能算数……凡此种种，都属于"老三老四"的表现，很容易造成组织不安，导致公司蒙受损失。

管理者的第39课

身为中坚干部，最好将不三不四、老三老四及反三复四这些有关事宜搞清楚、弄明白。不三不四的处境，必须在心理上获得排解；老三老四的心态，必须尽力消除；而反三复四的过程，应该合理地应用在工作中。三和四是中坚干部不得不小心的数字，最好以不得不承受的心情来加以体会和实践，只有这样，才有机会更上一层楼。

为什么有些干部喜欢"老三老四"呢？原因很多，主要在于其自大骄狂、不知谦虚。中坚干部有良好的表现，一方面是老板给予机会，另一方面则是员工全力配合，否则哪里会成功？自大骄狂，是不知感谢老板提供的良机；不知谦虚，是不知感谢员工的通力合作。没有感恩的心，就会造成干部的"老三老四"。

《易传》指出"三多凶、四多惧"，告诫中坚干部身居三爻、四爻的位阶，多凶多惧，必须避免不三不四、戒除老三老四。今日易理不明，所以中坚干部难找。若能善尽"人"道，相信大家都可能成为优秀的中坚干部。

中坚干部的反三复四行为

天位于上，地位于下，天地之气因人而相通。天象阳，地象阴，阴阳变化之理，以人而和。所以天、人、地三极，因人而立。

组织三阶层中，高阶如天位，基层处于地位，必须有居于人位的中坚干部来承上启下，沟通高阶与基层。高阶善变，基层不变，也有赖于中坚的有所变有所不变，以求调和。三阶层以中坚为枢纽，管理的成效系于中坚干部有没有高度的转化力。

陈炳元先生指出：人生天地之中，合天地之正。六爻卦的第三爻和第四爻居于中位，天地人六爻往复，轮回无穷。

乾卦上乾下乾，六爻皆阳。阳气由下而上，从初九到上九，但是上升的途径并非单纯地由初九、九二、九三、九四、九五一直走到上九，而是由初九到九二，九二到九四，再从九四返回九三，从九三到九五，最后走到上九，如图7-2所示。

和乾卦相反，坤卦上坤下坤，六爻皆阴。阴气由上而下，从上六到初六。下降的途径也不是单纯地由上六、六五、六四、六三、六二一直走到初六，而是由上六到六五，然后经由六三反复到六四，再由六四到六二，最后走到初六，如图7-3所示。

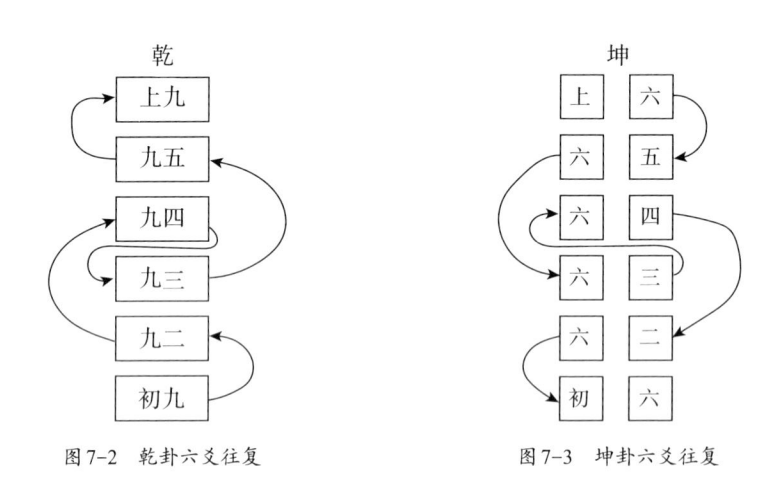

图7-2 乾卦六爻往复

图7-3 坤卦六爻往复

组织的沟通如果一味注重层层节制，一层一层地往上呈报或向下传达，恐怕并不是良好的方式。

在企业经营管理中，总经理并不是每一件事都通过经理，而是常常径直找科长商量。这时候如果经理提出异议，认为总经理不应该不找他而越级找科长，总经理就会把经理请来，开口便是："做人嘛，肚量要宽宏一些。只要你心中没有鬼，不必害怕我直接找科长。"

经理心中没有鬼，就用不着担心总经理直接找科长。这话说得十分有理，经理也没有什么话好说，问题是总经理有事径直吩咐科长，过了两三天，却问经理说："那件事情办得怎么样？"经理若是回答："我不知道啊！"总经理就不以为然地说："不知道？什么都不知道，你这经理到底是怎么当的？"这才是经理最吃不消的。

总经理看起来相当不讲理，自己径自找科长商量事情，却又找经理询问结果。既然不想让经理知道，又何必问他？如果要他负责，为什么不层层节制，先找经理，再让经理去找科长呢？不找经理商量，分明是不尊重他，是不是存心要整他呢？

这种种想法粗看起来非常有道理，仔细斟酌一下，便知道毫无道理。

总经理难道一定需要样样通过经理吗？如果这样，经理成为必经的关卡，他会不会只手遮天、居中垄断呢？总经理有急事，经理不知道在忙些什么，找不到人，若是一定要等他，岂不费时误事？这时候径直找科长办理，有什么不对？总经理事事非通过经理不可，究竟谁是上司谁是下属，恐怕很不容易界定！

也有可能总经理原本要找经理，却由于经理忙碌、找不到而找到科长。这种无心的改变使得总经理忘记了这件事经理不知道，所以问他："那件事情办得怎么样？"

但是经理"我不知道"的答案，使总经理想起"我固然直接找了科长，但科长毕竟是你的下属，居然不告诉你这件事，可见你平日不知道在管什么"，这才说："不知道？什么都不知道，你这经理到底是怎么当的？"意思是：就算我直接找科长，他也应该告诉你，当经理当到科长有事情都不告诉你，我实在担心你的领导出了问题。

这样分析起来，好像总经理并没有错，反而是经理有问题。《系辞下传》说："三与五，同功而异位。"第三爻（科长）和第五爻（总经理）同属阳刚的位置，只是爻位有高低。科长找总经理，总经理找科长，是同功异位的沟通，不值得大惊小怪。

那么，经理应该怎么办呢？《系辞下传》又说："二与四同功而异位。"第四爻（经理）和第二爻（班组长）也是同属阴柔的位置，功用相同，而职位有高低。经理同样可以直接找班组长，而班组长也要及时反映现场的状况，供经理参考。

经理若是始终不与班组长接触，凡事通过科长，一方面会越来越不了解现场的状况，另一方面也越来越依赖科长。如果科长常常越过经理自行与总经理沟通，万一遇到存心不良的科长，恐怕迟早会栽在他的手中。

总经理找科长，经理找班组长，固然可以互相制衡，却实在不是良好的现象。因为上下沟通终究不能顺畅。最要紧的，还是经理和科长之间的联系，即"三四反复"的通道，如图7-4所示。

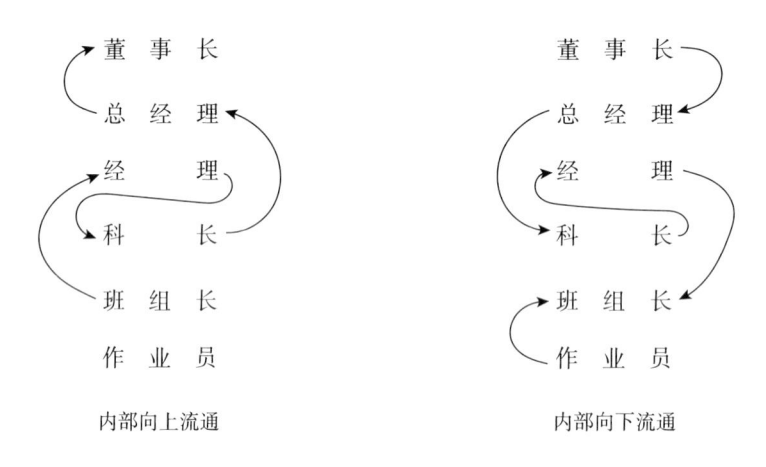

内部向上流通　　　　　　　　内部向下流通

图7-4　内部的沟通

经理和科长之间通常会呈现"己"形沟通，"己"同"巳"形似，"巳"即古文"以"字，《易经》六十四卦，大象都有"君子以……"或"先王以……"的字句，便是用"以"字来契合上下往复的状态。

"以"字的意思，相当于"仿效"，例如，乾卦大象"天行健，君子以自强不息"便是"日月的运行，无一日停止，君子行身处世，也应该仿效天的健行，不因任何困难而改变自己的志行"的意思。

第三爻和第四爻的运行，象征"巳"（以）字，告诉我们一种简明的道理，那就是科长看到总经理直接找他，马上要想起经理直接找班组长时自己的处境，因而效仿某些配合自己的班组长的做法,把总经理告知自己的事向经理报告,如图7-5所示。

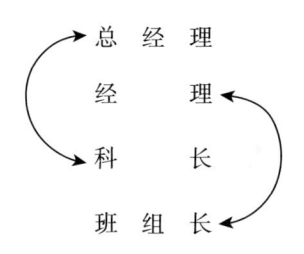

图7-5 主动调整互动对象

我们不可以硬性规定"凡总经理直接交代科长办理的事情,科长务必告知经理",或者"凡经理直接交代班组长办理的事项,班组长一定要报告科长"。原因是万一牵涉机密事宜,科长或班组长当然可以不向上司陈述。例如,经理涉嫌营私舞弊,总经理要科长找出证据,科长为公办事,就不能向经理报告。

管理者的第40课

管理者最好明白,很多中国人都不喜欢在他人面前说出和上司不相同的意见,以免得罪上司,被当作不敬或不忠。同一件事,我们很难把高、中、基三阶层的相关人员聚在一起商议,因为基层人员大多不愿意当着高阶主管的面说出和中坚干部不一样的看法。高阶依事务的性质,有时找中坚,有时则直接找基层,比较方便而有效。这时候反三复四的原则就变得十分重要,不同阶层,都应该按照"己"字形的途径,做反三复四的工作,以利整体的配合。

一般说来,我们比较不能接受班组长直接找经理,或科长直接找总经理,我们把这种情况称为"越级",如图7-6所示。大家对任意越级报告的人都十分畏惧,视其为惹是生非的人。但是总经理直接找科长、经理直接找班组长,中国人则视为司空见惯的平常事，大概很少有人会抗议，特别是总经理如果直接找到班组长，更是大家津津乐道的"亲民"。下对上的逾越叫"越级"，上对下的逾越称为"亲民"，如图7-7所示。班组长不可以随便直接找经理，而科长直接找总经理，万一被经理看到，也是难逃被怀疑的命运，这时"总经理找我"似乎是最合理的。

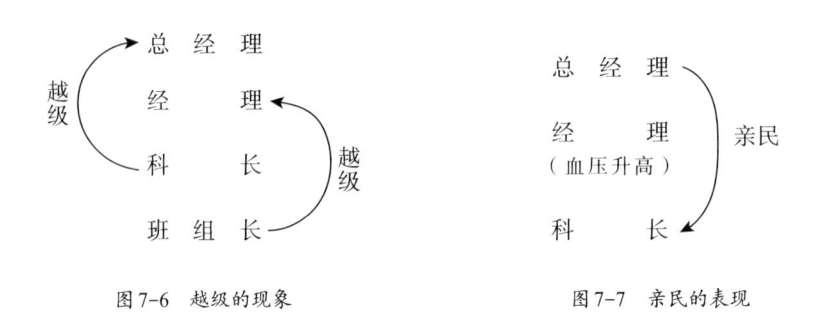

```
                总 经 理              总 经 理
越              经   理               经   理
级              科   长   越级       （血压升高）  亲民
                班 组 长              科   长
```

图7-6　越级的现象　　　　　　图7-7　亲民的表现

总经理直接交代科长办事，经理就算心中的确没有鬼，也免不了"血压升高"。心想：总经理为什么不先告诉我，却要直接去找他？难道有什么事情不希望我知道吗？是不是谁又造谣生事，暗箭射到我的身上？这些都可以不关心，因为总有水落石出的一天，但是，过两天总经理又可能问我，到时候回答不出来，岂不是徒增懊恼？

经理在总经理走后，若是把科长找来，一本正经地问他："刚才总经理找你，究竟是什么事啊？"结果科长只回答："没有什么，不相信你可以亲自去问他。"此时可能是事关机密，科长不方便说明，也可能是科长心里好笑："堂堂经理，不敢去问总经理，只敢欺侮我，算什么英雄好汉？"

就算科长客气地报告总经理交代的事项，经理也未必完全相信："真的是交代这些事？"或怀疑科长只报告其中的一部分，却把要紧的部分故意隐瞒起来。而科长呢，也会心中生疑："难道经理已经不信任我了？总经理找我，他居然如此着急要知道内容，难道是怀疑我会害他吗？"

中国人有很多"不明言"的地方，实在是很有道理的。不问还好，一问就可能滋生很多不必要的事端。

经理夹在中间，抗议总经理直接找科长，不但总经理不会接受，而且还会惹人笑话，让人觉得自己小气。向下询问科长，又得不到答案，即使得到答案也不知道是真是假，况且科长背后也会议论自己。这种对上、对下都行不通的困境，最好的解决办法，便是科长明白反三复四的道理，自动将上级的指示向自己的顶头上司报告。

但是，有的科长不按牌理出牌，总经理找到科长，科长并不反三复四，却径自向下沟通，找到班组长，如图7-8所示。这时候班组长就应该反复回转，把所得到的讯息向经理报告，构成完整的反复。可见经理有时直接找班组长问问情况，确有必要。

```
总　经　理 ┐
经　　　理 │
科　　　长 ◄┘
┌► 班　组　长
```

图7-8　科长不知反转

这种反复毕竟不够安全，因为一旦有一爻失灵，就会出现问题，此时经理或科长往往是最大的受害者。所以经理和科长为了摆脱"四多惧""三多凶"的困窘，最好公开地向自己的下属宣示："我的上级比我大，当然可以直接找你们，凡是上级直接找你们的事情，你们不用告诉我，直接去办就好。"然后放低声音，继续宣布："需要我负责的事情，才告诉我；不需要我负责任的，就不必告诉我。"相信所有下属在接获上级指示后，都会自己切实衡量一番，然后自动向自己的顶头上司报告。

有了这种自动系统，整个六爻往复才不致出现问题，而上下沟通也因此确保畅通。

优秀中坚干部的基本原则

大易以乾代表精神界，以坤代表物质界。人居乾（天）坤（地）之间，所以精神与物质并重。

组织三阶层，高阶依天（乾）道，重精神领导；基层循地（坤）道，重物质操作；中坚干部夹在中间，承受"上压""下顶"的压力，必须承上启下，兼顾精神与物质，成为高阶与基层的沟通枢纽。优秀的中坚干部，依《说卦》所载"立人之道，曰仁曰义"，必须依仁合义。但是在此之前，最好对"天"有所认识：看看自己的老板，值不值得自己为他卖力。

年轻时慎择师，年老时慎择徒。一个人年轻的时候，最要紧的是慎选导师，以免受到错误的指引，为师所害。一个人到了年纪大的时候，就应该慎选徒弟，以免弟子学艺有成却心术不正，连累了自己。

老板慎选干部，才不会为干部所害。干部也应该慎选老板，以免"卖力变成卖命""做事导致坐牢"，甚至"流汗还要流血"，悔恨不堪！

怎样认识老板呢？先探索一下"天"的特性。

天（乾）代表精神界。精神的特性，依曹敏先生的分析，含有下述四种要义。

（1）无形无质，无所在又无所不在，所以"全"是精神的第一义。

（2）就空间而言，无所不在；就时间而言，无时不在。精神不为任何具体的空间与时间所限，所以"无限"为精神的第二义。

（3）精神既然无所在而又无所不在，无时在而又无时不在，那就是动，所以"动"是精神的第三义。

（4）不论是从无所在到无所不在的"全"来看，还是从"上下无常""进退无恒"的"动"来判断，精神都是一种持续的变化，而此一持续变化即为时间，所以"时间"是精神的第四义，而且是精神的基本义。

这样说来，一位好老板必须具备下述几个特性。

第一，以"全"的心态来经营，负起全部责任，带领全体员工，照顾全局。

在态度上一切负责到底，绝不在情势不妙的时候自己先开溜。心中认定所有的员工都是好的，绝不轻易开除任何人。

在行动上，无所在而又无所不在，既不整天紧迫盯人，也不长期不见踪影。不定时、不定点出现，在时间上掌握得恰到好处。

在原则上，无形无质，有原则却能够弹性应变；保持不明言，使大家无法投其所好。

第二，具有"无限"的爱心和精力，不为任何具体的问题所困扰。老板永远乐观奋斗，似乎有用不完的精力，才能带动员工，使员工具备精进自发的精神。

老板当然不是铁人，怎么能够永不疲累、毫不倦怠呢？他之所以不定时、不定点出现，是因为有时会溜到外面去小憩一番，回来时又能保持旺盛的精神，也就看起来"精力无限"了！

第三，在"动"的过程中掌握"时"的变化。应该让员工回家团聚时，干干脆脆地让他们回去，不要拖泥带水地交代这样、要求那样，或者抱着施恩的神情、摆出菩萨大恩大德的模样。这样做，员工表面感激、称谢，内心却十分鄙视、厌恶。

"使民以时"，在合适的"时"提出合适的要求，同时配合时间来实施走动式管理，这才是有良心的老板。

幸运地遇到这种"有良心、有爱心、愿意负起全部责任"的老板，干部就应该确实"依仁合义"，做好承上启下的枢纽，以圆满达成"中坚"的任务。

管理者的第41课

干部时常怀疑老板，就等于人不相信老天。生存在天地之间，却对上天缺乏信心，这样的人不可能有好日子过。所以我们不得不相信上天，对老天不得不具有信心。同样的道理，干部不得不相信老板，否则很难做事。中国人主张合则留、不合则去，便是基于这样的道理。干部必须做出明确的抉择，留下来帮老板的忙，就不得不相信老板，不能够不忠不敬，不然就应该离职。干部有选择去留的自主权，不应该留下来却做出不忠不义的勾当。

"中坚"怎样依仁合义呢？说起来十分简单，正是"尽人事听天命"。"天命"指"老板的命令"，"人事"即"干部的职责"，合起来就是"不越权、不失责"。

"天"有权无责，所以老板握有最后的裁决权，不容逾越。"人"有责无权，干部必须恪尽职守，即不能失责。

我们时常批评老板不负责任，把责任往下推卸，让干部做替死鬼，而且认为：干部要尽责，却毫无权力，叫他怎么负得起责任？这种论调根本不合大易的三才之道。因为老板一切负责到底，就有赖干部替他分担部分责任，如今连部分责任都负不起来，却怪罪老板没有授权。这时候最好想想中山先生的理论：权是人通过奋斗争取得来的。自己不奋斗，表现得不好，哪里会有权呢？

依据"天助自助"的原理，中坚干部必须依循下述三个基本原则，才能既不越权，又不失责。

1. 自动提供正确信息，帮助老板做出正确决策

决策相当于天命，天命不正，人就跟着倒霉。老板的决策不正确，干部听也不是，不听也不好，非常为难。

一般干部都会静待老板下决心，发布命令。这种被动消极的态度有如宿命论者一心等待上天的安排而又不敢有所违背，完全失去"人为""自主"的能动性。

我们不喜欢做宿命论者，就应该积极主动地"造命"，发挥自主创造力，把握自己的命运。

中坚干部为了自己有效执行老板的命令，当然不能静待上级的决策。最好采取"未雨绸缪"的态度，预先自动、积极地提供现状、相关变数及可能变化的情况，使老板充分了解情况，从而做出正确的决策。

决策正确，而且切合实际情况，干部就可以全力投入，贯彻执行。但是有时干部主动向上报告情况，上级未必就会注意倾听，反而可能怀疑干部别有用心，故意做出相反的决定。可见干部的建议，上级能否采纳，取决于干部是否可靠。

干部必须勇敢地踏出第一步，以务实的态度切实了解现场的状况，与有关人员商量后取得他们的谅解与支持，与相关人员达成共识后带着腹案向上级建议。

了解现况，与相关人员商量定出腹案，是不失责；带着腹案向上级请示，就是不越权。

2. 在决策过程中合理坚持自己的意见

中坚干部自动、积极地向上级提出建议，是"立命"的第一步。上级接受与

否，则是中坚干部能否把握自己命运的真正关键所在。老板接受建议自然一切都好；老板不接受建议，既千万不要当面顶撞，也不可以心灰意冷地放弃自己的意见。这时候应该委婉、合理地坚持自己的看法。

什么叫作"合理"？有几分把握，做几分坚持，便是合理。干部绝对不能盲目坚持自己的意见，这种刚愎自用的心态不但令人觉得你无法合作，也会害死自己，因为结果一旦证明自己的坚持是错误的，势必成为众人嘲弄和苛责的对象。干部同样不可以不坚持自己的观点——轻易就放弃己见，表示自己对自己的意见丝毫没有把握，不过是嘴巴上说说而已。

不放弃，也不坚持到底。自己先衡量一下看看自己究竟有几分把握，就做几分坚持。干部在老板心目当中究竟有多少分量、多少信用，其实完全看干部合理坚持所得的结果。结果正确，信用值上升；结果不正确，信用值必然急剧下降。

老板喜欢用不接受干部的建议来试探他到底有几分把握。老板一反对，干部就放弃，证明他对自己的建议根本没有把握；老板再反对也没有用，表示这个人很难商量，不容易配合。老板反对到合理的地步，干部也坚持到合理的地步，正是"中庸之道"，才叫作合理化管理。

合理坚持自己的意见，是"不失责"。坚持到合理的地步，然后就不再坚持，就是"不越权"。

3. 既然自己要在上级面前表现，就应该包容下属在自己面前充分表现

所谓"人上有人"，实际上在提醒我们"人下有人"。"人上有人"表示"我在人之下"，"人下有人"提示"我在人之上"。

人有年龄、性别、本事的不同，所以组织有层级的划分。人的能力有差异，因此应该互相提携，彼此帮忙。

不管"在人之上"或"在人之下",都应该"守分"。在人之上,要告诫自己"人上有人";在人之下,要劝慰自己"人下有人"。

既然自己积极主动在上级面前表现,又要合理地坚持自己的看法,那么下属在自己面前积极主动地谏言而且相当固执,我们就应该采取宽容的态度,加以鼓励,这才是将心比心的妥当行为。

有事情,先征求下属的意见,一方面培养他的思考习惯,提升他的思考能力;另一方面也给予其相当的尊重,给他提供表现的机会。

其实,从"先说先死"的角度看来,主管让下属先开口,必然有利。自己在老板面前先开口,实际上是不得已的,这一点务须弄明白才好。

有些中国人喜欢在下属面前摆架子、充老大,却又喜欢在老板面前穷邀功、扮小人,这是一种"变态"行为。真正聪明的人,应该是"在下属面前不要过分表现,以免剥夺了下属学习、成长的机会;在老板面前应该主动积极地造势,以帮助老板做出正确的决策,有利于自己的执行"。

老板不得已才"自己做决定",否则一旦出事,就必须公开承认"这是我自己的决定,我愿意负责"。

干部合理坚持,老板适时接受干部的建议,正是"天何言哉"的最佳写照。上面的人要做出决定,请先听听底下人的意见,因为一旦缺乏下面人的支撑,上面的人就会掉落下来。

下属越主动积极,干部越省力;干部越自动奋发,老板越省事。省力省事,难道不是管理者竭力追求的目标?

容许下属表现,自己才有时间、有精力在老板面前表现;获得底下人的支撑,站在上面的人才有大展宏图的可能。

中坚干部要依据上述三大原则,少说多做,也就是"用真正的行动来代替口头上的宣示",逐渐提升自己的信用度,以使老板有信心;再以实际的成绩来证明自己行动的效果。这时候，切记不要越权，因为功劳越大，就越容易引起老板的猜忌。

尊重老板的精神领导，不越权，不功高震主。给下属留出物质运作空间，自己不失责，也要让下属不失责。中坚干部兼重精神与物质，一切以合理为取舍标准，自然合乎中道的要求。

承上启下 圆满达成任务

按照《序卦传》的排列次序，泰卦位于第十一卦，而否卦紧接着出现在第十二卦。可见由泰入否十分容易，而由否返泰非常困难：必须经历六十三个卦象，才能够否极泰来，如图7-9所示。

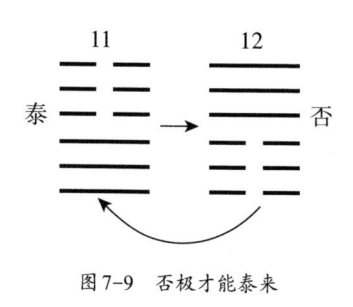

图7-9 否极才能泰来

泰卦坤上乾下，依常理判断，乾为天、为君，应当在上；坤为地、为臣，理应在下，现在泰卦反转过来，以坤上乾下为象，岂不是伦常颠倒，怎么会"泰"呢？原来天上地下、君南臣北，不过是静态的现象，大易的卦象则是动的道理。

傅隶朴先生说得好：天在上，但是天的垂象都是向下的；地在下，但是地上的生物都是向上的。如果乾阳在上，那么上者自上；坤阴在下，势必下者自下——阴阳二气永远无法接触，便不能生养万物而成就造化了。

从管理的角度来看，上卦表示居上位的主管，个个意气高扬、看不起基层员工，甚至不愿意以大事小、放下身段和下属沟通，于是下情不能上达，上泽无法下流，高阶与基层背驰，当然不能产生安泰的效果。

先看泰卦的卦辞："泰，小往大来，吉、亨。"阴为小，阳为大，往是向外，来是向内。依正常位置来说，应该三阳（大）在上（往）而三阴（小）在下（来）才对，现在三阴（小）在上（往）而三阳（大）在下（来），所以称为小往大来。从管理来看，高阶越是柔和，尊重基层的意见，基层员工就会越尊重上司而全力配合。这样上下同心，组织自然安泰，所以说吉、亨。

从爻象看，初九上升而六四应之；九二刚正而六五相应；九三诚实守信，也获得上六的支持，如图7-10所示。下卦由初九带头，有信息立即向上反映，毫不隐瞒。九二、九三都是阳爻，也以类似的方式重视上下沟通。六四开始，便转上为下，同样由六四带头，适当响应下属的汇报；六五、上六也出于自己的诚意，跟着重视下面的意见，如图7-11所示。于是上下有往有复，彼此亲切往来，互相尊重，必然能够同心协力，提高组织力。

九三和六四，一向上一向下，形成天地易位的关键——中坚干部如果做好承上启下的工作，对组织的发展必定大有助益。经理和科长的配合，最好经理稍柔而科长刚强：由经理带动高阶主管发扬道家柔顺精神，借科长的刚正带动基层秉持墨家务实、尚同的精神。经理与科长的仁义配合，正好是儒家的作风，对承上启下来说，正常而合理。

图 7-10　上下相应　　　　　　　　图 7-11　有往有复

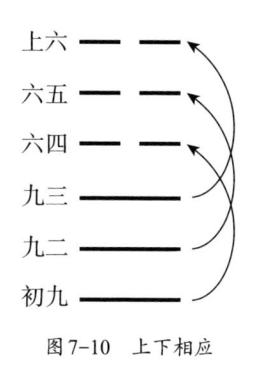

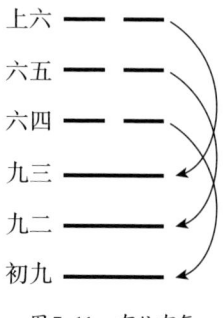

泰卦的上爻，用"城复于隍"来提示我们要提高警惕。隍指无水的沟，由于筑城时用土，便掘地成隍；到城倒塌的时候，城土又填入隍中，所以说城复于隍。高阶居上位，必须有基层的支撑，一旦企业倒闭，高阶也做不成了。企业的盛衰兴亡，其实和城与隍的循环是一样的。泰的时候，企业为什么会衰亡呢？因为经营顺利，居上位的人常常安逸纵欲，宠信阿谀之人，而将组织内的正人君子逐一逼走，于是小人道长、君子道消，由泰变否，也是一瞬间的事情。

否卦和泰卦相反，乾上坤下。这时候乾安于上，阳气不下降；坤安于下，阴气不上升，相当于高阶与基层不能沟通，下情难以上达，上情也不能下达。泰的时候，不必求否而否自来；否的时候，必须极力求泰，才能够由否转泰。若是妄自菲薄，认为否就否吧，又能怎么样？那就真是绝望了。

否卦的卦辞说："否之匪人，不利君子贞。大往小来。""否之匪人"的意思是否的时代并不重视人道，所以对君子来说十分不利。大为阳、为君子，小为阴、为小人，乾阳在上、在外，坤阴在下、在内，当然是大往小来。

我们仔细看看三、四两爻的爻辞，便知道中坚的难为。六三的爻辞："包羞。"傅隶朴先生指出：六为阴柔小人，三是亢进不安，六三合在一起，就是急求上进的小人在否的时候觉得十分不安，于是不顾羞耻，不但极力阿谀奉承，而且所有不可见人的卑鄙行为都做得出来。包羞的意思便是充满了羞辱和卑鄙。九四的爻辞则是"有命无咎，畴离祉。"否卦初六不进，六二包承求进，六三包羞昧进。九四以刚质而居柔位，是既刚健又能柔顺的现象。因为四近君位，刚以事君，难免有逼主的嫌疑，但是九四能够以柔辅其刚，一定要获得君命才敢有所作为。现在九五下达命令，要九四振衰起弊，消除否塞的现象，所以无咎。畴指同辈的人士，离是附的意思，祉便是福。奉上命从事企业改造，不但无咎，而且同事群起协助，同蒙福祉。

否的隐患，在泰的时候已经种下了，并不是忽然间出现否象。一旦否了，大家自然警觉，所以从九四奉命拯救否态开始，到九五已经使否休止，上九否道走到尽头，果真否尽泰来，令人欣喜。

六三到九四的转折，是否转为安的关键。但是不能久等，以免否、否、否，尚未等到泰来，企业已经倒闭了。

我们可以将否卦的九四改作六四，而以初九代替初六，如图7-12所示，便成为益卦。

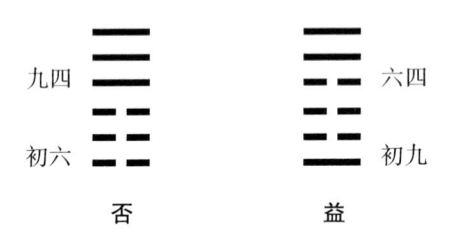

图7-12　由否转益

管理者的第42课

管理者最好不要把泰卦和否卦分开来看，而应该把这两个相综相错的卦合在一起想。否中有泰，泰中有否，泰和否是分不开的，老子所言"祸兮福之所倚，福兮祸之所伏"，便是这个道理。管理者如果遭遇挫折，便心灰意冷，斗志全消，那就是由否转否，不可能否极泰来。否的时候，必须坚持原则，奋斗不懈，才能够由否转泰。经营者更应该明白"世界上没有永远的泰，也没有永远的否"，否的时候不必伤悲，泰的时候也不足欣喜，唯有时时警觉，因应不断的变化，才能够持盈保泰。

要想由否转泰，董事长就要负起否塞的责任，申请退休，改由总经理继任；然后科长升任经理、主任晋升科长，以改善中坚干部的质量，同时改善企业形象，招聘若干刚健可靠的新进人员作为生力军，企业便能够由否转益。

接着总经理再提请离职或退休，聘请更多刚健有力的新人，也就由益而损，如图7-13所示。

《序卦传》的次序是损卦在前而益卦在后。我们调整的时候，却反过来先益后损，因为再进一步改组，便由损而泰了，如图7-14所示。

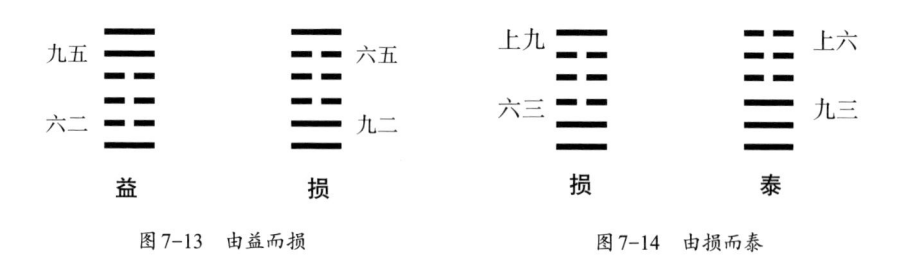

图7-13　由益而损　　　　图7-14　由损而泰

由此可见，管理就是以人力加速否极泰来的过程，主要通过中坚干部的承上启下来做好企业的改造，如图7-15所示。

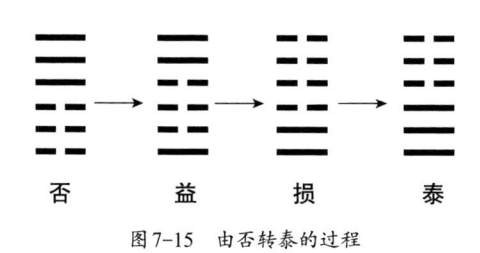

图7-15　由否转泰的过程

第八章 诊断与治理

唐代名医孙思邈说:"不知《易》不足以言太医。"明朝张景岳在所著《医易义》中也强调天人相应的论说,认为医师治病应该依象断症,据易处方,以数理来"起死回生"。

中医和《易经》具有十分密切的关系,可以说中医以大易为体。就企业管理来说,企业诊断与治理,有如医生的诊断和治疗。由此可以推知,运用易理和易象来诊断企业,找出合理有效的管理方式,应该是简易可行的途径。

前已述及,一家企业的组织,可以大致分为三个阶层,如果比照一卦三才六爻,很容易看出高阶层为五、上两爻,中坚干部居三、四两爻,初、二两爻则代表基层人员。依据企业的实际运作状况,如果某甲公司高阶管理者及中坚干部显得十分柔顺和谐,只有基层刚强、积极、热心,而基层主管仍然柔顺和谐,我们不难断定这一家公司目前正处于复的景象,这就是依象论症。

处于复卦的某甲公司,具有君子道长、小人道消的气势。我们若是对应剥卦来看,当小人逼迫君子的时候,表现出的态度是非常凶狠的,不但敌对,而且有消灭对方的企图。所以剥卦的爻辞显得十分可怕,简直是在描绘小人那种狰狞可怖的面目。现在复卦一阳来复,君子所采取的态度,不应该像小人那样恶劣。既为君子,最好明白剥卦中的小人为什么能够剥削君子,固然是小人不择手段,非常可恶,而君子本身也一定为小人的成长提供了机会,至少暴露出自身某些可乘的缺失。

这种反求诸己的态度,使得君子和小人不同,不会刻意对小人采取报复的措施。君子的一举一动,都应该以健全自己的德业为出发点,让小人反省、改过,至少不敢明目张胆地为非作歹。

我们据易处方,希望这些企业的生力军明白一阳始生代表企业的转机,必须同心协力,把握时机,以阳气上行来达成阴气消退的目标。同时,这种转变不能够拖得太久,以免小人结成派系,成为企业变革的强大阻碍。复卦的卦辞说:"七日来复。"意思是事不宜迟，不可以拖延。

初爻这一批生力军，虽然人微言轻，一阳来复的主导力量。我们希望这一批生力军要明白自己责任重大，认清机会难得且机不可失，依据《象传》所说，以修身为重，每一个人都表现得正当而守分，充满了正气，便能够以正大光明的气势，使企业有良好的未来。

企业内部的经营状态一直在改变。每过一段时间，各阶层的工作气氛就会有所改变，这时候再依据实际的状况，画出当时所处的卦位，据易处方。这种企业的诊断与治理最好不定期进行，以确保企业的生生不息。

中医和西医不同，中医把人的疫病分成未病、已病、病危三种状态，特别重视未病的保健。企业未病的时候，经常加以诊断治理，远比已病或病危时才来救急更加有效。

以阳爻为主的阶段性变化

阳代表君子，阴代表小人。我们从剥卦看出小人剥削君子，复卦则认定君子恢复正道，希望君子必须和小人不一样，不能抱持报复的心理，而应该复礼归仁、用品德修养来感化小人。

小人有机可乘，便得意忘形；君子必须谦虚为怀，即使功成身退，也不应该迷失于权贵的幻象，掉入财色的深渊。

大易将乾卦放在第一卦的位置，也是圣人立教的用意。乾是健的谐音，也就是自强不息的意思。乾卦六爻皆阳，象征一家公司三个阶层的成员都能够自觉、自律、自立，把各自的角色扮演得十分出色，而且彼此配合良好，各尽其能。当我们看到一家公司，其基层团队重视潜修，在工作中不断提升实力；基层主管（如班组长）合理表现，使工作进行得顺利而有效；中坚干部（科长）时刻警惕，重视计划、执行、考核等过程，控制好每一个环节；中坚主管（经理）更能够合理地试跃，使高阶领导者放心地拓展事业，不必担心人才不足；高阶之中，总经理深获员工的心，董事长自己时刻以骄亢为戒，不乱玩花样、不在外招摇惑众，如图8-1所示，可见这一家公司目前正处在乾卦的状态。

董事长 —— 戒骄亢

总经理 —— 得民心

经　理 —— 试跃

科　长 —— 惕励

班组长 —— 表现

员　工 —— 潜修

图8-1　公司处于乾卦的状态

一家公司表现出色，获得市场的好评，董事长往往就会得意忘形，不是到处作秀，时时夸耀自己眼光独到，便是口出狂言，制造新闻。结果呢？不出数年，自己身败名裂，公司也跟着烟消云散。这种情况，看起来好像是董事长个人骄亢的结果，实际上所有的败坏都是从基层开始。

董事长的骄亢，就会引起很多人的注意，于是求职者日众，各方面的人情压力如果完全不予理会，势必招来很大的阻力。若是稍微松动，基层员工的能力和士气立即会受到影响，所引进的就不是生力军，而是有才无德，甚至是无才无德的一群人，于是公司由乾卦转成姤卦，如图8-2所示。

乾
巽　　见凶

图8-2　姤卦

姤卦的初六爻辞，明确指出这一批新进人员原本不该用或不能用，如今却由于公司名气太大，千方百计想要进来。这种情况下，有才无德的比有才有德的，往往进来的机会更大。这一批新进人员企图心又极强，希望快速获得升迁，所以遇见他们的人，可以说必凶。

> **管理者的第 43 课**
>
> 管理者最好明白，阴阳是一物的两面，彼此相需相求，不可能分开。刚是阳的性质，但是刚中并非没有阴的成分。柔虽然是阴的性质，却也不无阳的成分。阴阳的动静是相互的，此消彼长。乾卦看起来全卦皆阳，但管理者必须心中有数，明白随时可能出现阴的气息。公司的现状不可能持久不变，由于易气由下生，基层员工受不了上层长久的压力，或者日久思变，很容易变得阴气沉沉，就像父母都很出色，子女却时不时出一些花样，让父母料想不到。基层的动态和高层的心态，都应该随时观察、体认和调整。

当这一批人员升迁上来之后，由于臭味相投，又招进一批相似的人员，于是公司的气氛由姤卦变成遁卦，如图 8-3 所示。

图 8-3　遁卦

遁和遯相通，意思是逃避。管理者看到公司已经呈现遁卦的景象，必须明白事不可为。这时候只有两种选择：一种是置之死地而后生，抱着明知不可为而为之的态度，全力加以改变；另一种就是抽身退避，赶快离职以求远离祸端。因为这个时候辞职，还有其他公司可去，再拖延下去，便是否卦，那时候再逃，恐怕已经没有人敢要，想走也走不了了。遁卦表示君子和小人的比例是四比二，而且上四阳下二阴，君子还拥有居上位的优势，为什么那么害怕小人，要立即逃避呢？因为外卦为乾、内卦为艮，外卦以对外为主，外人看起来公司仍然刚强有力；而内卦以对内为重，艮卦二阴一阳，表明小人已经占了三分之二，对于公司内部事务来说，小人掌握大权。这一阳的君子，如果能够和外卦的众君子相呼应，固然也有扭转大局的可能，不过根据历史经验来判断，在内的小人得势，在外的君子大多受害。孔子主张乱邦不居，便是远远避开才能不受小人利用或陷害的意思。

遯卦的君子一旦避离，小人呼朋引友，又招来一批小人，于是遯卦变成否卦，如图8-4所示。

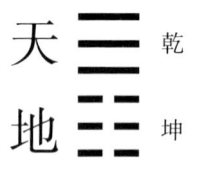

图8-4　否卦

否卦乾安于上，阳气不下降；坤安于下，阴气也不上升，相当于水不蒸发，天上没有云，也不能下雨。云雨两缺，日久即成干旱，使得生物灭绝。在人事界，在上位的人高高在上，不理会员工的实际困难；员工也不求上进，认为愚者自愚，贱者自贱，只求满足自己的欲望，不顾组织的安危，当然是否的状态。

再下去的状况，大家很容易想象，必然是观卦，如图8-5所示。

图8-5　观卦

观字有两种读法：一是平声，如"官"，也就是观察的观，组织内的风气、员工的勤惰当然是高阶领导者观察的对象，但是，高阶领导者如果只有观察的份儿，却没有加以改变的能力，那就是无力的；另一种读去声，如"贯"，在管理中就是高阶领导者具有良好的威望，使员工知所敬畏的意思。高阶领导者，实际上也是员工观察的对象，但是能不能把他们当作典范，是服从上司的命令还是根本不把他们放在眼里，就要看领导者具体怎么做了。

一般来说，观字读平声居多。高阶领导者固然十分积极奋发，无奈干部和员工都消极散漫，也回天乏力。这样的公司，实际上已经不可能经营长久了。

再下去的情况，便是剥卦，如图8-6所示。

山 ☶ 艮
地 ☷ 坤

图8-6 剥卦

剥的意思是剥落。植物有荣枯，草木凋谢即为剥落。公司也有盛衰，小人得势，以五阴剥一阳，当然会衰亡。

上九一阳，如果能够善用自身的才德，还有由剥而复的机会，至少也可以减缓衰亡的来临。但是这时候的领导者大多年老体衰，眼看着同仁为非作歹却无能为力，就算逞一时之气和小人硬拼，也将为小人所消灭。

以阴爻为主的阶段性变化

公司经营呈现剥卦的卦象时，高阶领导者如果不能掌握最后的机会，设法起死回生，不妨自请退休或离职，而后公司进行内部改组。基于物以类聚、人以群分的道理，又引进一批作风相近的人，形成坤卦，如图8-7所示。

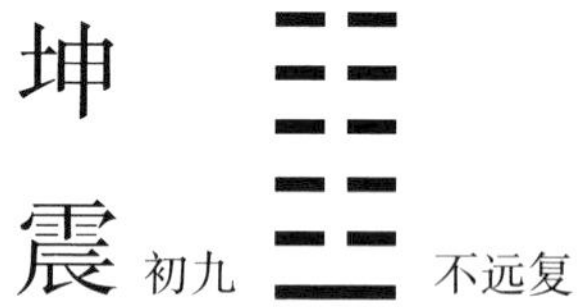

坤
震　初九　　　不远复

图8-7　坤卦

坤卦六爻皆阴，象征深藏不露，退藏于密。曾经有一家公司，总经理发现同仁当中有一位暗地里在研读厚黑学。他十分担心，也相当忧虑，急忙问我该怎么办，我反问他为什么担心，他说有人耍手段，就有人会上当，对公司同仁一定不是好事情。我说："如果大家都研读厚黑学，就不会有人上当了，是不是？"他很高兴地回答："知道了。"果然，他一口气买了十五本厚黑学相关图书，分发给一级主管，人手一册，并且定期开会，共同研读，真的就没有什么好忧虑的了。坤卦六阴，可以说是至柔至静。为什么呢？因为大家都心中有数，用不着玩花样，就算玩也没有用。这时候蕴藏在内心深处的力量就会更坚、更精，由至柔而产生刚强。自反自觉，深知非引进一批刚强的生力军不足以改造公司的气氛，于是一阳来复，形成复卦。

复的意思是地气极阴，而又复阳，表示往而返回。复卦的初九表面上看起来不过是五阴之下的一个阳爻，如图8-8所示，但是，初九爻辞明白表示：不远复。不远是迅速的意思，也就是事不宜迟，如果拖延得太久，公司可能就恢复不了。可见这一爻是复卦的卦主，希望由此开始，持续进展，由临而泰，一直到乾。大易管理，可以说以复卦为生机所在。人不是圣贤，当然难免犯错，这时候快速改正恢复元气，应该是最好的对策。

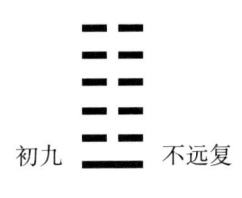

初九　　　不远复

图8-8　复卦

管理者的第44课

复卦五阴居上，一阳居下，正好和剥卦相反。剥是小人剥削君子，小人道长，君子道消；复则是君子剥削小人，当然是君子道长而小人道消。但是剥卦的态度十分凶狠，表示小人剥削君子的手段以敌对、消灭为主；复卦的态度则十分缓和，大多在自我警惕，并没有打击小人的意思。君子的复，主要在求自身的德业日趋健全，有如旭日上升，凭自己的光明照耀大地，使黑暗自行退避。复卦坤上震下，坤为顺而震为动，表示动在顺下，也就是五阴之下的那一阳必须顺理而动。雷声一动，万物都随之复苏，新进的生力军不能对上级有所怨言、有所不敬，最好明白自己责任重大，不断检讨自己，以求表现得更好，以便更快速地修复破损的组织。

过失不大，又能迅速修复，再引进生力军，便成临卦，如图8-9所示。

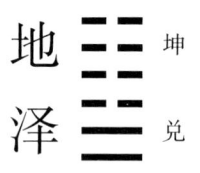

图8-9 临卦

临卦坤上兑下，象征兵临城下，只好被迫相见。地在潭上，土受到水的浸侵，拒绝不了，不如来个"相见欢"，彼此欢喜。居上位的人，最好抱持"临事而惧"的心态，才能够"好谋而成"。事情来临，必须面对现实，谋求化解。既然已经形势渐好，基层的君子身为上司，就要去除私心，自重自敬，才能够完成大业。

大业完成有望，自然出现泰卦的景象，如图8-10所示。

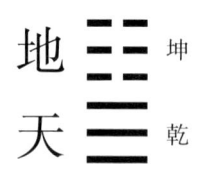

图8-10 无忧无虑的泰卦

居上位的人，不要老念着自己的贡献和责任，要多花一些时间看看基层员工的状况，听听他们的心声。一方面顾客至上，另一方面也应该员工第一，员工感恩戴德，必然更加同心同德。外卦为坤为阴，内卦为乾为阳，表示小人在外而君子在内。只要小人在外，不干扰内务，大概就能天下安泰了。

君子的正气，带来三阳开泰的好运，持续发展下去，便出现四阳二阴的景象，形成大壮卦，如图8-11所示。

图8-11　大壮卦

三阳在内，由下而上表示一往直前，既大且壮，所以称为大壮。前面说过遯卦四阴二阳，小人得志，必然容不下君子，君子最好及早逃避，以免受害。如今君子得势，如果也和遯卦那样要把小人赶走，那就不可能大壮了。

三、四两爻为中，现在阳发展到九四，表示阳已经过中，显出阳盛阴衰的形势。这时候君子固然不会存心报复小人，但是难免有轻视小人的态度，所以九四爻辞特别指出：不能刚猛太盛，最好刚而能谦，才能够自我约束。阳再进而阴再退，即为夬卦，如图8-12所示。

图8-12　夬卦

夬的意思是解决。夬卦一阴在上，五阳在下，象征五君子要解决一小人。按理说众人处置一人，还有什么难处？但是上六居全卦的最高位阶，九五尚且在他的威胁之下，小人难免有恃无恐。此时最好的办法是上六自谦自励，而众君子不为已甚，彼此各安其位，各守其分而又各尽其力。这样，问题就顺利解决了。

乾卦再现的时候，又展开以阳爻为主的阶段性变化，这时最好想办法加以治理，以免公司的好坏之变周而复始，起起伏伏，时好时坏。

最好依据易理来进行治理

不论采用什么方式，将公司的问题找出来后，就应该依据大易的道理来加以治理。

譬如公司正处于归妹卦的卦象，如图8-13所示。

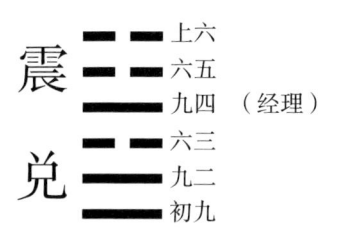

```
震 ═══  上六
    ═ ═  六五
    ═══  九四 （经理）
兑 ═ ═  六三
    ═══  九二
    ═══  初九
```

图8-13 归妹卦重责在经理

初九指作业员，以阳居阳位，是处于正位，却与九四不能相应。所以爻辞是如同跛子一样，双脚一长一短。归妹的意思，从字面上解释，归妹即嫁妹，但实际是指妹随姐出嫁，主要任务在侍候姐姐，所以不宜与姐争宠。班组长和作业员都只是随姐出嫁的妹妹，作业员像跛子，九二的班组长与六五的总经理相应，不过以阳居于阴位，仍属于失位。

基层奋发有为，十分可喜，但在公司是经理当权而不是总经理。既然大家都是总经理的下属，为什么经理反而揽权？是不是有一些反常？

六三失位，以阴居阳位，又在中层，很容易不三不四；下乘九二的刚强有侵凌的意思，显然很不安分。是不是科长被经理压得喘不过气来，因而有意消极抵抗呢？

九四居六五之下，是六五的妹妹，却以阳居阴位，而且和初九也不兼容。失位无应，是不是经理抓住了总经理什么把柄而要挟他？让总经理不得不充分放权给经理呢？这些问题都是我们必须深入了解的。

六五是卦主，也就是出嫁的姐姐，只不过六五阴柔，表示虚而无才；九四阳刚，象征实而有才，因此这位出嫁的姐姐备受随嫁的妹妹要挟，应该如何化解？

上六居六五之上，成为姐妹互相争宠的对象。但是上卦为震，形状看起来很像一只虚筐，里面空空的，一无所有。意思是姐妹这样争宠，结果很可能是一场空，什么也没有。

既然明白这些道理，我们就要从经理着手。经理如何才能安分守己地辅助总经理？归妹卦可吉可凶，关键在于此。经理功高震主，威胁到总经理，那就是凶；安于本分，尽力做好辅助工作，便吉。

我们也可以劝导科长改变作风，以刚强代替阴柔，归妹卦就变成大壮卦，如图8-14所示。

九三以阳居阳位，又与上六相应，得位是当仁不让，有应则要小心惕厉。科长要表现得刚健有力，以增强基层人员的信心，也使得总经理放心地授权，让大家去自由发挥。

震 ☷ 上六
乾 ☰ 九三

图 8-14　大壮卦九三当仁不让

当然，董事长可以考虑让现任总经理离职，改聘一位刚健有力的人士前来接任，这时候归妹卦就变成兑卦，如图 8-15 所示。

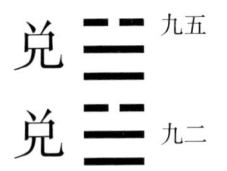

兑 ☱ 九五
兑 ☱ 九二

图 8-15　兑卦九五与九二不相容

但是这样的治理并非良策。新任总经理从哪里来？从内部升迁，势必从现有部门经理当中选聘，选谁呢？选最会争宠的那一位岂不天下大乱？选比较不善争的人，他争得过其他的经理吗？若是从外部聘请，"空降部队"自然不受欢迎，恐怕更增添大家的不安。

既然总经理不方便变动，不如考虑董事长换人。由董事会推举一位刚健有力的董事出任该职，于是归妹卦变成睽卦，如图 8-16 所示。

离 ☲ 上九
兑 ☱ 六三

图 8-16　睽卦上九难为

但若真如此，我们很快就会明白，这一方法实在并不高明。因为上九虽然和六三相应，但是彼此一高一低，中间有很大的空隙。有空隙就容易被离间，因而疑心生暗鬼。董事长既然刚正，就喜欢明辨是非，结果各种谗言纷起，弄得上下各怀鬼胎，很难协调。

这样分析起来，我们可以总结出三项治理要领，列举如下。

（1）现在问题的关键在于经理的心态。如果经理能够安分守己，全心全力辅助总经理，做好经营管理，那就前途光明。

（2）如果确实是这样，科长就应该刚健有力，以资配合；若是个性使然，很不容易调整，那就调动职务，换一些新人来，以增强组织力。

（3）鼓励现任总经理为顾全大局表现得刚健一些。

管理者的第 45 课

管理者最好明白，大易所重的是"常规"，但是也十分讲求"变通"。遇到合理的现象，最好按照常规方式来处理。万一遇到不合理的现象，那就要权宜变通，以求制宜。公司的现况，如果能够依据大易的道理来调整，那就按照常规办理；若是无法依据易卦所揭示的道理来治理，便不得不变动其中的人员，借着改变卦象来调整。我们的管理为什么以人为本？为什么因人设事？就是因为人很不容易改变，只好通过变更人来改变。"换人做做看"成为管理的关键。适当的人，可以让公司向好的方向发展；不适当的人，那就只好忍痛牺牲，换别人来尝试了。只要立公心，一切从公司的利益为出发点来考虑，而不是以个人私利为评量标准，换人不见得不是好事。

各种卦象都有适切的易理，我们可以根据易理的提示找到治理的要领。但是，最重要的还是知行合一，必须真正付诸实践，才能收到预期的效果！